中文社会科学引文索引（CSSCI）来源集刊

产 业 经 济 评 论

REVIEW OF INDUSTRIAL ECONOMICS

第 20 卷　第 1 辑　（总第 65 辑）

主编　臧旭恒

中国财经出版传媒集团

图书在版编目（CIP）数据

产业经济评论．第 20 卷．第 1 辑/臧旭恒主编．
—北京：经济科学出版社，2021.3
ISBN 978－7－5218－2454－4

Ⅰ.①产…　Ⅱ.①臧…　Ⅲ.①产业经济学－文集
Ⅳ.①F062.9－53

中国版本图书馆 CIP 数据核字（2021）第 054519 号

责任编辑：宋　涛
责任校对：孙　晨
责任印制：范　艳　张佳裕

产业经济评论
第 20 卷　第 1 辑　（总第 65 辑）
主编　臧旭恒
经济科学出版社出版、发行　新华书店经销
社址：北京市海淀区阜成路甲 28 号　邮编：100142
总编部电话：010－88191217　发行部电话：010－88191522
网址：www.esp.com.cn
电子邮箱：esp@esp.com.cn
天猫网店：经济科学出版社旗舰店
网址：http://jjkxcbs.tmall.com
北京密兴印刷有限公司印装
787×1092　16 开　9.75 印张　190000 字
2021 年 3 月第 1 版　2021 年 3 月第 1 次印刷
ISBN 978－7－5218－2454－4　定价：43.00 元
（图书出现印装问题，本社负责调换。电话：010－88191510）

目　录

CONTENTS

线上线下竞争与规制的经济学分析

石明明　江　舟*

摘　要： 数字化零售的迅速崛起将改变原有的竞争格局和市场均衡，使线上线下零售市场呈现出新特征和新问题。本文从理论层面对这些新特征和新问题，以及新经济背景下的市场监管和规制进行了经济学分析。研究认为，新的市场均衡下，线上市场更易采取价格歧视从而使线上交易价格呈现出价格离散或多重价格均衡的特点。同时，更加透明的价格和较低的菜单成本也使线上市场更易出现横向合谋；在降低消费者搜寻与信息成本的同时，线上市场也存在着严重的信息不对称即"柠檬市场"导致的市场失灵问题；线下零售的数字化转型与线上线下竞争的市场新特征对原有的规制机制提出新的要求。平台监管和政府规制需明确目标，创新规制理念和方式，建立符合经济特征、市场结构条件变化下的科学治理政策体系。本文从理论上深入探讨了线上线下竞争的互动新态势和新问题，分析了在线上线下新的经济特征下建立健全针对新竞争行为和竞争秩序的规制体系的重要性和必要性，并对未来研究方向进行展望。

关键词： 线上线下竞争　线上市场失灵　经济规制

一、引　言

我国网络零售交易额增长迅速，从 2012 年的 1.31 万亿元增长到 2019 年的 10.63 万亿元，网络零售销售额占社会消费品零售总额的比例也稳步攀升，从 2012 年的 6.11% 上升到了 2019 年的 25.83%（见图 1）。数字化零售的迅速崛起重塑了消费者的购物习惯和购物模式，改变了零售市场的竞争态势与竞争结构，使线上线下零售市场的竞争呈现出新特征和新问题。一方面，线上零售打破了传统买家和卖家匹配交易的时空限制，改变了传统线下

---

* 本文受到国家自然科学基金"黏性消费增长框架下城镇化扩大消费的潜力评估与效应模拟"（41401124）、国家社科基金"新时代我国家庭消费持续增长的动力机制研究"（18FJY018）和国家社科基金重大项目"数字化变革、中国流通渠道创新和经济增长模式转变研究"（20&ZD054）的资助。

石明明：中国人民大学商学院；地址：北京市海淀区中关村大街 59 号，邮编 100872；Email：ms@ruc.edu.cn。

江舟：中国人民大学商学院；地址：北京市海淀区中关村大街 59 号，邮编 100872；Email：rucjiangzhou@126.com。

零售商之间只存在于相邻市场的区域竞争格局，连通了原先独立分布的各个本地市场，使消费者的转换成本与信息成本大幅降低，提高了供需匹配的效率，也促使了线下零售的数字化转型与线上线下融合的高质量发展。但另一方面，随着数字化零售商业模式和经营主体的不断多样化和复杂化，呈现的新问题和监管难题也层出不穷，如线上平台虽然促进了信息的交流和共享，但由于消费者的有限理性和搜寻成本的存在，线上市场依然存在信息不对称导致的市场失灵问题；平台经济必然带来消费的集聚和市场的集中；透明的价格和较低的菜单成本使线上市场更易出现横向合谋等。由此，数字经济下传统的竞争政策和市场治理模式都面临着新挑战和新问题，如何在新经济背景下厘清线上线下竞争的特征、制定适应性的竞争政策和监管治理体系成为学术界研究的新命题。

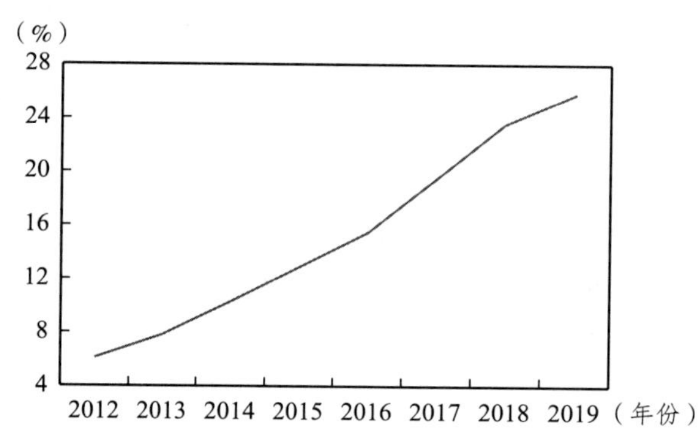

图1 2012～2019年网络零售销售额占社会消费品零售总额比例

资料来源：国家统计局、商务部。

线上平台型企业由于其双边市场的特征具有交叉网络外部性和价格的不对称性，其价格形成机制、盈利模式等与传统商业企业完全不同（唐东平、雷静纯，2015），线上交易过程中出现的商品交割的延迟，消费者对商品是否拥有完全信息，线上线下交易过程中监管环境的差异性，创新与监管的权衡等问题均是数字经济背景下对线上线下竞争及线上线下合理有效治理与监管研究的新视角，对推动线上线下深度融合与市场公平竞争，促进线上经济的健康持续发展具有重要意义。2015年国务院办公厅《关于推进线上线下互动加快商贸流通创新发展转型升级的意见》中明确指出“加强线上线下互动，促进线上线下融合，不断优化消费路径”。2020年5月国务院办公厅《以新业态新模式引领新型消费加快发展的意见》中指出“按照包容审慎和协同监管原则，为新型消费营造规范适度的发展环境”。同期，国务院办公厅《关于新时代加快完善社会主义市场经济体制的意见》也指出“推进商品市场创新发展，完善市场运行和监管规则”。这显示，加快建立健全适应和推动新经济发展的治理方式，促进线上线下融合与新经济的健康发展已经上升为国家经济政策的重要关切点和着力点。

由此，本文在国内外相关研究的基础上，通过对我国线上线下融合与竞争新态势下的新经济特征和新问题的经济学分析，包括线上线下竞争与新的市场均衡，线上市场的信息不对称与“柠檬市场”问题，新经济特征下的创新、消费者保护与政府监管等方面，进一步从理论层面深刻探讨了促进线上线下融合与公平竞争，在新的经济特征下建立健全针对新竞争行为和竞争秩序的规制体系的重要性和必要性，并对未来研究方向进行了展望。

二、线上线下竞争与市场均衡

本文首先对线上线下竞争和新的市场均衡进行理论分析。线上线下竞争不同于传统的区域零售市场竞争方式，它改变了零售市场格局和市场结构。随着线上线下融合的发展，竞争主体的经营形态越来越多样化，从而使市场竞争越来越复杂化，呈现出了一系列新特征和新问题。

（一）线上线下竞争与市场结构

线上零售店彻底改变了实体零售店本地/相邻市场的竞争格局（见图 2），直接面向全部地域展开竞争。基于供给与需求双方流量的零售平台使消费者能够比离线网点更容易浏览潜在的线上零售商，消费者搜索成本降低，围绕市场地理界限的竞争改变了。电子商务技术可以降低跨地域分布产品的成本，促进了零售行业的技术进步和技术使用，例如无人机、电子价签、人工智能、大数据、智慧物流等，以便为更大的地理市场提供商品和服务，满足更多异质性消费者的需求。线上零售间接连通了原先独立分布的各个本地市场，使竞争范围大幅扩大，从而使交易价格、品种等出现地域趋同。正如 Cairncross（1997）等学者提出的“距离的消亡”。当线上零售对区域 1 的实体零售商经营策略做出反应时，会影响区域 2 实体零售商的经营（见图 3）。同时，线上零售商或零售平台之间的竞争，也会影响所有区域的线下零售商，且线下高成本零售商受到的直接影响更大。

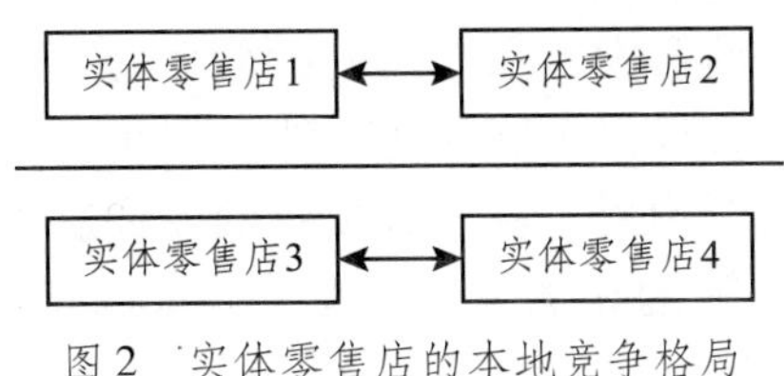

图 2　实体零售店的本地竞争格局

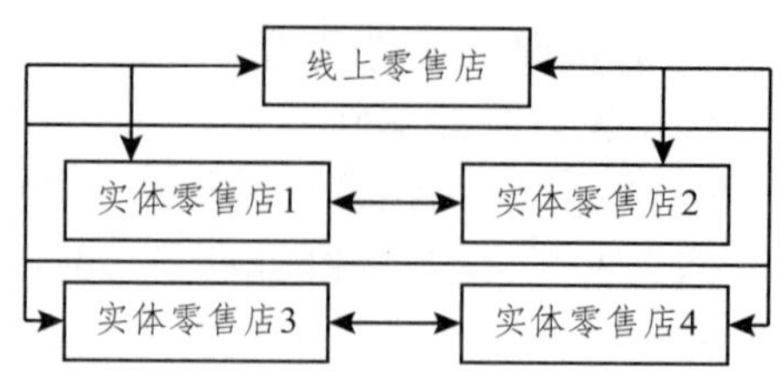

图3 线上零售出现后的全部地域竞争格局

随着线上线下的不断融合，传统零售商线上渠道的发展以及线上平台企业的线下布局，多渠道/全渠道零售商的出现使原有的零售市场竞争更加激烈。多渠道/全渠道零售商既有线下实体零售店也有线上购物渠道，使消费者拥有更多元的选择（如线上购买线下自提或配送到家等），吸引了更多不同偏好的消费者。多渠道/全渠道零售商的线上渠道不仅与纯线上零售商存在竞争，也会在所有区域影响实体零售店的经营。同时，多渠道/全渠道零售商的线下零售店也会对相邻地域的实体零售店形成竞争（见图4）。由于线上交易商流、物流的分离以及全渠道的经营模式对消费者购买力和购买习惯的要求，线上零售的发展也将受到地方经济发展、物流业发展和基础设施完善等因素的影响，存在地域差异或城乡差异。在经济欠发达、基础设施还不完善、最后一公里问题还亟待解决的地区，实体零售商受到线上零售的冲击相对较小，因此线上市场的出现对线上线下竞争格局的影响程度具有地区异质性。

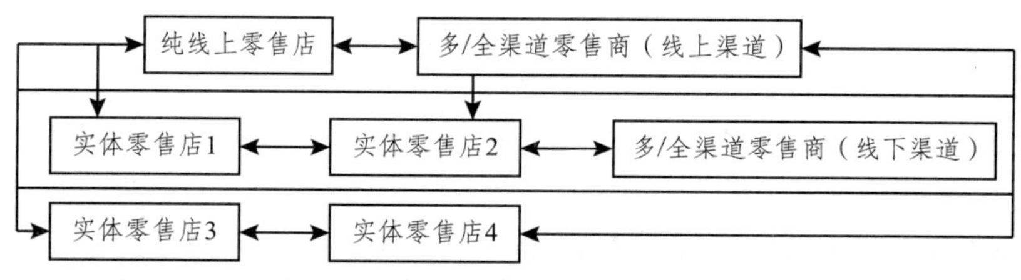

图4 多/全渠道零售出现后的全部地域竞争格局

线上线下竞争格局的改变导致了市场结构的新变化，改变了传统零售市场的竞争均衡结果，从而引发了系列研究的新命题，如线上线下竞争的均衡价格问题、市场份额与市场集中度问题，线上线下竞争相关市场的界定、竞争格局的改变对消费的影响等。从已有文献的发展脉络来看，国内外很多学者的研究进入了这一系列的相关领域。如，Goldmanis et al.（2010）认为，线上市场的出现降低了消费者的搜寻成本和市场均衡价格，改变了企业原有的市场份额。在搜寻摩擦较小时，市场更易形成多产品和单产品零售商共存的均衡结果（Rhodes and Zhou，2019）。考虑了消费者异质性后，Shi et al.（2019）研究发现在实体零售商与多渠道零售商的竞争中，多渠道零售商不一定会“赢者通吃”，对于需要更多体验的商品，实体零售商依然拥有一定优势。对消费的影响上，Fan et al.（2018）认为线上零售降低了进入市场的成本和由距离带来的交易成本，有利于改善区域消费不平等。国内研究方面，马述忠、房超（2020）认为我国线下市场的分割在一定程度上促进了线上市场的发展。李杰等（2015）研究认为电子商务市场的竞争结构符合幂定律。线上线下竞争可能导致实体店退出市场，线下价格上升，政府可以通过调整线上市场的税收达到最优均衡（寇宗来、李三希，2018）。

（二）线上线下竞争与产品供给

线上渠道的出现也影响了线上线下产品供给的数量、质量和种类。传统零售商经营的商品品种数量有限，因为低销售量的产品固定成本高，无法满足传统零售商的销售模式对商品周转率的要求，并且有限地理范围内的消费群体不足以支撑特定商品的需求。然而，线上零售打破了地域的限制，可以在更大的地理市场上对这些原有的低量商品需求进行聚合，保证这些区域零售市场的低量商品线上销售可以获得足够多的消费需求支撑，形成了较低的固定成本结构。由此，相较于传统零售商，线上零售增加了产品的供给种类，从而可以产生更大的竞争收益，而这些收益是传统零售商由于地理市场的限制在企业利润率与产品品类权衡中不容易获得的。线上产品种类的增加将显著提高消费者福利（Brynjolfsson and Smith，2003）。但另外，线上渠道的出现也可能会影响产品供给的质量。线上交易的模式决定了消费者在交易之前并不能全面的了解商品的质量等方面信息，相较于传统市场买卖双方可能存在更大程度的信息不对称，从而使线上市场商品质量偏低，存在“柠檬市场”问题（Chen et al.，2017）。虽然线上无地域边界的更大的市场和虚拟展示、虚拟试装，买家评分评论体系等解决信息不对称问题的机制也可能吸引较高质量产品，但依然存在信息披露不真实，恶意评论等新的问题，其声誉机制还需要进一步完善。

（三）线上线下竞争与价格策略

线上线下竞争使企业的商品定价行为出现了策略调整。有关线上线下竞争对同类商品的线上线下价格的影响，已有研究呈现出不同的观点。部分观点认为，线上交易的出现显著降低了市场均衡价格，主要原因有两点。一是线上交易减少了消费者的搜索成本，有效提高了搜寻次数（孙浦阳等，2017），使消费者需求更加富有弹性，价格竞争加剧，消费者福利增加。二是线上销售渠道的扁平化使企业分销成本降低，从而降低了其边际成本，使得市场均衡的价格降低。Brynjolfsson and Smith（2000），Clay et al.（2001）和 Morton et al.（2001）分别通过对图书音像市场与汽车市场的实证研究证实了这一点。但另一部分观点认为，线上销售价格并不一定比线下销售价格更低（Cavallo，2017）。

除了对价格差异的影响外，线上市场还存在较严重的价格歧视现象。由于消费者有限理性，消费者的消费搜寻过程并不能使其完全了解市场价格的整体情况和时效性，其消费决策会具有某种时间上的偶然性。由此，线上交易的定价策略也会类似于线下销售的定价策略，采取时间的价格歧视，或者对了解信息和不了解信息的消费者进行价格歧视，表现出线上交易价格的离散或多重价格均衡的特点，而不是表现出唯一价格收敛。同时，线上平台类企业，作为基于“用户—平台—用户”关系的双边市场，具有交叉网络外部性和价格不对称性等特征，在线上市场的成长期，通常会制订倾斜性价格以吸引双边用户在平台上交易，出现“交叉补贴”“价格歧视”等现象。尽管线上市场打破了原本线下市场地理区域的界限，更有利于形成统一市场和统一价格，但事实上，线上对消费者行为数据的可获得性以及价格调整较低的菜单成本使交易的价格离散情况更加普遍存在。大部分研究表明无论是标准化的商品如图书等还是非标准化的商品如服装等，线上的价格离散现象都是持续存在的，并且相较于线下，线上价格的波动更加频繁，波动幅度更小（Chevalier and Goolsbee，2003；Gorodnichenko and Talavera，2017；Ellison and Ellison，2018）。线上线下的价格比较会显著影响消费者的购买决策（Goolsbee，2001）。导致线上价格波动频繁，多重价格均衡的因素除了一般所认为的较低的菜单成本外，还包括信息搜集和处理的成本以及对消费者、供应商和竞争对手的考虑（Ellison et al.，2018）。在我国，线上零售商以低价换取流量和市场的行为也是线上价格频繁波动和价格离散现象的重要原因之一。传统市场中，转移成本的存在是厂商可以实施价格歧视的基础（蒋传海，2010），而大数据时代线上零售商或平台型零售商可以根据掌握的数据预测消费者支付意愿，从而实行更精准的价格歧视，出现了我们熟知的“杀熟”的现象。在线上市场，消费者可以随时获取价格信息并进行购买，其价格敏感度和购买偏好等数据的可获得性使平台或卖家拥有更多的市场信息进行最优价格决策，对不同类型的消费者实行价格歧视，最大限度地增加销量，攫取消费者剩余，实现利益最大化。

进一步地，线上线下竞争导致的企业定价策略的改变也将影响市场效率。线上价格调整成本包括获取市场信息的成本和菜单成本。前述分析中已指出线上较低的菜单调整成本使线上企业对消费者实行价格歧视策略更容易。另外，线上价格的透明性与较低的搜寻成本不仅使消费者更易获得价格信息，也使得竞争企业之间更易监控对方的同类商品价格信息。此时，在无限期的重复博弈过程中，企业的策略选择不仅需要考虑当前的状态，还需考虑当前的策略选择对未来竞争格局的影响，由此线上竞争企业或多渠道的竞争企业之间，除了选择激烈的价格竞争外，更容易产生横向合谋，提高市场价格。这样的线上横向合谋不易识别，背叛成本较高，政府监管成本较高，比线下更易产生横向垄断问题，从而对市场均衡和市场效率造成影响。许多研究表明当初始搜寻成本足够高，线上市场带来的搜寻成本降低将增加行业的串通和惩罚（静态纳什均衡）状态之间的利润差异，使横向合谋存在动机，同时大数据使背叛更易于发现，进一步降低了横向合谋后背叛的可能（Campbell et al.，2005；Albaek et al.，1997）。这对引入竞争为初衷的线上市场和线上线下充分竞争的市场实现提出了挑战，长期也会导致市场运行效率的下降。

综上，线上线下竞争改变了原有的市场结构和竞争格局，对产品供给和市场的均衡价格产生了深刻的影响。新的市场均衡下呈现出的更大程度上的价格歧视，"杀熟"现象以及企业间的横向合谋等问题都对市场监管和经济规制提出了新的要求。

三、线上市场的信息不对称与"柠檬市场"问题

除了对原有市场结构与市场均衡的改变带来的新问题外，线上市场在自身的发展过程中也将引发一系列新问题。互联网的发展促进了市场信息的交流和共享，通过更高效的供需匹配提高了市场交易效率，让交易更容易实现，也提供了更大范围的商品供给种类，减少了消费者的交易成本，促进了消费者福利提高和社会福利的增长。但是，线上交易商品交割不是及时的人货两清，使线上销售依然存在信息不对称等问题。虽然建立起来的线上销售资金和声誉保障机制从一定程度上解决了一些问题，但从现实市场的发展来看，由于消费者的有限理性和搜寻成本的存在，信息不对称必然存在。消费者通过线上市场减少搜寻成本的同时，如何在虚拟空间爆炸式的信息中进行辨伪和评估又是另一种交易成本的增加。在商品供给种类增多，产品差异化程度增加的市场上，消费者由于自身的有限理性难以获得全面、详尽的市场信息和商品信息，成为了交易主体中的弱势一方。

（一）线上交易特点与消费者有限理性

线上购买决策的基础是商品的有效匹配和消费者的信息搜寻。线上市场的搜索活动通过扩大市场规模实现了市场效率的提高，同时其匹配能力决定着最优的市场规模（黄浩，2014）。但如果消费者无法获得全面真实有效的商品信息并根据自身需求进行决策，则会大幅削弱线上市场减少搜寻成本，提高供需匹配效率的优势。线上经营无固定场所，第三方产品质量抽检难度大，消费者购买主要靠信用评价等机制，若信息披露和信用评价是不真实的，即存在信息披露和信用评价的虚假信息或不对称信息，那么线上购买决

策的信息不对称问题会导致高质量好品牌的市场难以形成，出现线上的市场失灵现象，损害消费者利益。据全国消协组织消费者投诉数据显示，近年来网络购物依然占据投诉类型榜首。线上的低质量产品将冲击线下交易，劣品驱逐良品，市场均衡收敛向低端，高质量的产品市场难以形成，长期会损害市场本身和消费者利益。

（二）信息披露、声誉机制与“柠檬市场”

Akerlof（1970）在其经典的“柠檬市场”理论中提到，如果交易中买方无法获得商品质量的全部信息，不确定性的存在会使其只能根据市场上的平均价格判断商品质量，从而不愿付出较高的价格购买好质量的商品，长此以往劣质商品会将优质商品挤出市场，市场萎缩。相较于线下市场，线上市场的消费者由于无法体验和感知商品，存在信息不对称的风险更大。消费者对商品质量信息的获取和购买决策都将依赖卖家对商品信息的披露和平台的信用评价体系。许多现有研究表明信息披露对未来交易具有重要的信号显示作用，网络零售商、平台或第三方机构披露信息的多少与信息披露的手段对消费者的购买决策有显著影响（Garicano and Kaplan，2001；Lewis，2011）。披露的信息无论是正面还是负面信息，都将帮助消费者有效匹配（Tadelis and Zettelmeyer，2015）。消费者所能获得的商品信息越丰富，越能建立对卖家的信任，从而提高销量。除信息披露外，平台的信用评价体系也十分重要，消费者对商品体验的有效反馈以及店铺评级等声誉机制也会对消费者的购买决策产生影响（Li et al.，2016）。具体而言，评价的多少与正负面评价所占的比例都将在一定程度上影响线上销售的增长率（Cabral and Hortaçsu，2010）。

线上市场的信息披露和声誉机制是解决信息不对称问题的有效途径，使线上市场得以蓬勃发展。但由于消费者的有限理性以及目前的信用评价机制和信息披露体系还不够完善，信息不对称的情况依旧存在。在竞争环境下，线上平台的策略行为也会加剧市场中的信息不对称（曲创、刘重阳，2019）。处于信息劣势的消费者，无论是商品的价格、质量还是商家信用以及物流等方面的信息不对称都会造成其购物的风险。首先，用户的反馈或评价通常存在偏见，并且容易受到卖家的影响（Tadelis，2016），如存在卖家炒作信用、互相吹捧或互相攻击、报复，以及花钱买好评等现象。其次，不仅信息不对称的程度，买家对诚信的感知度和投诉的可能性等因素会影响平台中商家的诚信，销售不同特性商品的商家其诚信表现也会存在差异。商品的平均交易量、价格、投诉的可能性、交割方式和标准化程度、品牌率和可仿制程度等都会影响商家的诚信表现，目前统一标准化的信用评价系统可能导致卖家在不同市场进行评级套利（彭惠、吴洪，2011）。如卖家可以在容易获得好评的子市场销售，在获得较高的信用评级后转入其他更不易获得好评的子市场。统一标准化的认证机制虽具有释放商家信用和商品质量信息的正面效

的结合，对交易秩序具有显著影响（汪旭晖、张其林，2017），平台企业应积极承担监管责任，其线上交易的条款规则应切实保障消费者权益，综合运用各种方案进行监管。当然，仅依靠第三方平台的监管是远远不够的。线上交易平台是特殊的市场而非纯粹的企业，第三方平台监管主体作为经济人，其追求利益最大化的监管行为准则可能存在漏洞，如目前线上平台存在的竞价排名等规则。由此，将公共主体如政府纳入线上市场的监管体系十分必要。线上市场需要建立“平台—政府”双元的管理范式，在不同发展阶段实施动态的管理路径，保证竞争和市场效率（汪旭晖、张其林，2015）。目前来看，承担监管和规制责任的目标主体已比较明晰，但规制过程中较高的成本和较低的效率问题，如何能够较好地识别商家行为，规制的可持续性以及政府规制成本上升引起的财政负担等问题还需要进一步明确和持续的研究。

（三）新市场结构下的规制效率与创新

平台企业的蓬勃发展必然造成消费集聚，数字经济时代从搜寻方式到交易模式都发生颠覆性改变的线上线下市场，对传统的针对线下市场的规制机制提出新的要求。

第一，线上零售大多呈现出平台企业模式或自营与平台相结合的模式。综合类线上零售平台在经营范围上从服装到生鲜所包含的商品品类繁多。尽管近年来如母婴、汽车等垂直类线上零售平台也有所发展，但总体而言，平台模式使线上零售商甚至多渠道的零售企业经营所涉及的市场范围难以界定（如苏宁、国美虽然线下实体店为 3C 产品的专业店，但其线上平台却是综合类）。这使传统反垄断理论中反垄断的相关市场认定存在很大困难。第二，平台式零售商由于有着双边市场的交叉网络外部性和价格的不对称性等各种特征，平台效应取决于双边用户规模，其发展是供给方规模经济与需求方规模经济的结合，显著的马太效应使得线上市场必然呈现出消费跨时空集聚的特点，市场趋于寡头垄断。这使得一方面由平台零售商带来的市场份额计算困境使传统的市场结构认定标准存在局限，市场份额认定的举证难度较大；另一方面市场份额的推断效力趋于弱化，市场份额与市场势力之间也可能存在非对等的关系，使其不能适用于传统的反垄断法规。第三，平台零售商的策略定价以及线上的低搜寻成本和较低的菜单调整成本，使线上价格调整更容易具有可行性。透明的价格和较低的调整成本使企业更容易产生共谋，对市场均衡产生影响，再加上政府较高的监管成本，比线下更容易产生横向垄断问题。

当然，技术变革在带来挑战的同时也带来新的契机，新市场特征下的经济规制需要兼顾平台的发展与创新。平台型企业的发展带来了消费集聚，市场份额的集中一方面易使企业获得市场势力形成垄断；另一方面线上市场互联互通和模块化经营的特征也降低了市场进入壁垒，可以在一定程度上减少企业滥用市场势力的可能性（曲振涛等，2010）。针对双边市场中市场势力与市场份额的非对等关系，可以构建新的指标如“均价比”等来衡量厂商的市场势力（曲创、刘重阳，2016）。事实上，互联网平台等新兴市场中高度竞争与高度垄断是相伴相生的，垄断在竞争中产生又可以被竞争打破，如此推动产业高速发展。这是一种单寡头竞争性垄断的市场或以技术创新为主导的竞争性垄断的市场结构，需要新的市场结构理论来解释（曲振涛等，2010；傅瑜等，2014）。对于线上市场呈现出的独有的市场特征需要与其相适应的新的规制机制。是否需要界定以及如何界定线上企业的市场边界，是否可以从社会福利，行为是否损害竞争对手利益和消费者利益，以及创新等新视角切入；平台类企业补贴消费者，降低价格吸引流量和市场是否存在合理性边界等都需要进一步深入探究。

（四）促进竞争与消费者隐私保护

线上交易的规制还包括对消费者信息和消费者权益的保护。随着企业数字化和信息时代的来临，个人消费数据被越来越多的运用到商业领域，使人们对个人信息的保护越来越重视。Goldfarb and Tucker（2012）的研究显示年龄越大的人越不愿意在交易中透露自己过多的私人信息。国家计算机网络应急技术处理协调中心发布的《2019年中国互联网网络安全报告》显示，2019年针对各类数据库的密码暴力破解攻击次数日均超过百亿次，数据泄露、非法售卖等事件层出不穷，数据安全面临挑战。由于电子商务的虚拟性、科技性和以信用为基础等特征以及相关配套与法规的缺失，在全新的交易模式中，消费者的安全权、知情权和求偿权等都可能受到侵害（何培育，2014）。许多平台要求用户在账户中显示个人资料照片、使用真实身份，进行数字验证，获取电话号码、电子邮件等，存在泄露信息造成损失的风险，部分平台甚至还存在转卖用户数据的行为，这无疑侵犯了消费者隐私。

另外，我们还应注意到，消费者的隐私保护和促进竞争之间可能存在冲突。欧盟2018年5月出台的GDPR（General Data Protection Regulation）是目前较严格的有关数据保护的法律，政策的目的是减少数据转售。但在保护用户隐私的同时，它也可能会导致平台巨头永远把控数据，竞争者无法购买，无法发展。事实上，对于用户信息、数据产权的界定十分关键。从消费者处收集的数据是属于消费者还是互联网公司对是否应允许数据交易和数据市场问题至关重要。如果不能清晰界定产权，交易或反垄断等问题则难以探讨。只有产权界定清晰，个人隐私数据经过清洗，被严格保护，数据市场才有形成的条件。在个人信息泄漏风险巨大的数字经济时代，是否需要对线上消费者服务过程进行投保，平台是否被允许转卖用户数据，平台是否对损害赔偿和保险索赔负有责任，均要求对线上交易的监管是复杂和多层次的。

综上，对线上市场监管和规制问题的分析研究可以从以下两方面考虑：

(1) 平台监管的监管目标，可以分两个层面来理解，一是创新监管理念和方式，充分考虑线上市场的特征和发展规律，建立健全针对新竞争行为和竞争秩序的规制体系。二是由于消费者有限理性，市场失灵问题将不可避免，要求存在第三方监管机构。(2) 政府规制需要进一步明确目标和原则，规制机制的设计需要考虑效率、创新、消费者隐私保护与有效竞争之间的权衡，反对市场上任何存在的垄断行为，推动形成竞争有序的市场，建立符合经济特征、市场结构条件变化下的科学治理政策体系。

五、总结与展望

线上零售的出现，通过全新的交易模式和价格形成机制打破了交易的时空，影响了市场的竞争格局与均衡状态，对原有的市场规制方式提出了新的要求。本文基于国内外相关研究，对我国目前线上线下竞争呈现的新特征与新问题，以及新经济背景下的监管与规制进行了研究与分析。研究认为，线上线下竞争改变了原有的市场结构和竞争格局，新的市场均衡下呈现出了“杀熟”的价格歧视现象和横向合谋等新问题；在降低消费者搜寻与信息成本的同时，线上市场也存在着严重的信息不对称即“柠檬市场”导致的市场失灵问题；平台经济带来的市场集中和消费集聚等对原有的市场监管和规制提出了新的要求。由于消费者的有限理性和市场失灵问题的不可避免，第三方监管机构的存在具有必要性。政府规制需要明确目标，创新监管理念和方式，在促进线上线下市场发展和创新的基础上，建立健全针对新竞争行为和竞争秩序的规制体系。本文从理论上深入探讨了线上线下竞争的新态势和新问题，分析了合理有效规制线上线下市场的重要性和必要性。

本文认为未来相关研究可以有以下几个方面。

(一) 线上“柠檬市场”问题的量化估计与交易机制设计

线上“柠檬市场”问题的存在使得大量假冒伪劣产品、侵犯知识产权商品等冲击线下交易，市场均衡收敛向低端，高质量的产品市场难以形成，损害市场本身和消费者利益。本文针对线上市场的信息不对称所造成的机会主义现象进行了理论分析，认为其弱化了互联网所带来的交易成本降低的优势，为我国线上市场的信息不对称和消费者福利有关研究提供一个基础性的分析框架。未来在基于“柠檬市场”问题形成机制的理论分析和定性研究基础上，通过微观数据对信息不对称或“柠檬市场”所造成的影响进行评估，做出更为全面的分析与解释是有关研究的重要内容。如信息不对称的程度是否在不同属性和特征的商品之间存在显著的异质性；对于不同属性的商品，不对称信息的内容和有效解决途径是否有显著差异等相关研究，对有针对性的高效率的开展市场规制与优化线上平台类企业机制具有重要意义。同时，量化估计可以进一步厘清线上信息不对称的存在与消费者福利和社会福利之间的关系，进一步探讨“柠檬市场”问题是否影响了消费者的消费预期，阻碍了消费者消费水平的提升和消费结构的升级等，对未来进一步优化线上市场的交易机制、信誉机制和实施有效规制提供依据。

（二）线上线下竞争与促消费的长效机制相结合

我国的居民消费呈现出城乡、区域发展的不充分与不平等，线上线下竞争促进了商品供给的多样化，多渠道的发展改善了原有的流通与消费环境，挖掘和满足了消费者更广阔的消费需求，对我国的消费增长产生了促进作用。李克强总理曾着重强调电子商务作为“以互联网为载体、线上线下互动的新兴消费业态”，已经成为我国目前拉动经济的“新增长点”。从长期看，线上线下的竞争与协同发展需要考虑我国的空间发展不平等的异质性，从缩小居民消费差距与收入差距的视角出发，提供有针对性的消费产品供给，满足人民群众更广泛、更深层次的消费需求，并且研究建立合理的价格形成机制，为我国消费增长的长期发展服务。

从消费与居民的主观幸福感角度看，消费水平对幸福感有着显著影响，居民家庭的幸福感随着消费水平的提高而增强。线上线下竞争的同时需要合理引导居民消费观念，提倡可持续性、包容性消费，以居民消费需求为导向，推动线上线下融合，促进传统企业的升级改造，利用信息时代的技术优势实现商品供给与需求更有效的匹配，助力供给侧改革，促进居民消费结构的不断升级。同时，进一步加强对线上线下市场的监督和管理，对产品服务的价格做好实时监控，遏制价格上涨过快、价格起伏较大、价格波动较频繁，维护市场稳定，维持市场秩序，净化消费环境，保障消费者权益，促进消费的长期增长，更好地为经济发展服务。

（三）线上经济规范发展的新经济治理体系

在数据成为经济发展的“关键生产要素”，“平台”逐渐成为资源配置主导者的数字经济时代，以移动互联网、大数据、人工智能等为技术支撑的新业态与新商业模式日新月异。新零售、新经济的集中爆发式发展，快速改变了原有的经济社会运行模式，在形成经济发展新动能的同时，也让线上经济的规范发展成为了巨大挑战，应加快探索并建立健全适应和推动新经济发展的治理方式，建立全新的应对理念、机制和策略。

数字经济具有技术迭代快，方向不确定性高；组织模式平台化，规模经济大；数据成为不可或缺的关键要素等特点（欧阳耀福，2020）。而当前在数据要素的产权安排，创新数据资源基础设施的供给等方面仍不完善，数据治理、数据立法等重要制度框架缺位。同时，如上文分析指出，在线上线下融合与竞争的新态势下，平台化的组织模式可能存在劣币驱逐良币的“柠檬市场”问题，存在价格歧视和更易形成横向合谋、侵犯消费者隐私等新的市场失灵问题。线上经济导致市场趋于集中化，还可能引发“赢者通吃”的局面，进而带来垄断和创新停滞风险。这要求在建立新经济治理体系时应着重关注市场界定、权责分配、反垄断等方面的监管和规制。推动线上经济的规范发展还需要多方协同合作，有效解决新经济领域发展不平衡、规则不健全、秩序不合理等问题，努力形成平台、政府、企业、消费者等主体多元协同、共同治理的新格局。

建立健全线上经济规范发展的新经济治理体系需要不断深化认识、总结经验，如何充分发掘数字经济的潜能，构建既有活力又有秩序的市场，开辟新时代经济治理的新境界是未来研究领域需要关注的，这对于我国经济转向高质量发展，建设现代化经济体系的新部署具有重要意义。

参考文献

[1] 陈艳莹、李鹏升：《认证机制对“柠檬市场”的治理效果——基于淘宝网金牌卖家认证的经验研究》，载《中国工业经济》2017年第9期。

[2] 傅瑜、隋广军、赵子乐：《单寡头竞争性垄断：新型市场结构理论构建——基于互联网平台企业的考察》，载《中国工业经济》2014年第1期。

[3] 何培育：《网络交易消费者的个人信息保护》，载《中国流通经济》2014年第6期。

[4] 黄浩：《匹配能力、市场规模与电子市场的效率——长尾与搜索的均衡》，载《经济研究》2014年第7期。

[5] 蒋传海：《网络效应、转移成本和竞争性价格歧视》，载《经济研究》2010年第9期。

[6] 寇宗来、李三希：《线上线下厂商竞争：理论和政策分析》，载《世界经济》2018年第6期。

[7] 李杰、王宇菲、王聪、张志颖：《B2C电子商务竞争结构及发展演化规律》，载《产业经济评论》2015年第3期。

[8] 马述忠、房超：《线下市场分割是否促进了企业线上销售——对中国电子商务扩张的一种解释》，载《经济研究》2020年第7期。

[9] 欧阳耀福：《以治理创新打造数字经济新优势》，载《社会科学报》2020年第9期。

[10] 彭惠、吴洪：《诚信的条件——C2C电子商务市场中卖家诚信度对商品特性的依赖》，载《管理世界》2011年第4期。

[11] 曲创、刘重阳：《平台厂商市场势力测度研究——以搜索引擎市场为例》，载《中国工业经济》2016年第2期。

[12] 曲创、刘重阳：《平台竞争一定能提高信息匹配效率吗？——基于中国搜索引擎市场的分析》，载《经济研究》2019年第8期。

[13] 曲振涛、周正、周方召：《网络外部性下的电子商务平台竞争与规制——基于双边市场理论的研究》，载《中国工业经济》2010年第4期。

[14] 孙浦阳、张靖佳、姜小雨：《电子商务、搜寻成本与消费价格变化》，载《经济研究》2017年第7期。

[15] 唐东平、雷静纯:《电子商务对价格的影响因素研究综述》,载《市场经济与价格》2015年第11期。

[16] 汪旭晖、张其林:《平台型电商声誉的构建:平台企业和平台卖家价值共创视角》,载《中国工业经济》2017年第11期。

[17] 汪旭晖、张其林:《平台型网络市场"平台—政府"双元管理范式研究——基于阿里巴巴集团的案例分析》,载《中国工业经济》2015年第3期。

[18] Akerlof, G., 1970: The Market for 'Lemons': The Quality of Uncertainty and the Market Mechanism, *Quarterly Journal of Economics*, Vol. 84, No. 3.

[19] Albaek, S., Møllgaard, P., and Overgaard, P. B., 1997: Government – Assisted Oligopoly Coordination? A Concrete Case, *Journal of Industrial Economics*, Vol. 45, No. 4.

[20] Brynjolfsson, E. and Smith, M. D., 2003: Consumer Surplus in The Digital Economy: Estimating the Value of Increased Product Variety at Online Booksellers, *Management Science*, Vol. 49, No. 11.

[21] Brynjolfsson, E. and Smith, M. D., 2000: Frictionless Commerce? A Comparison of Internet and Conventional Retailers, *Management Science*, Vol. 46, No. 4.

[22] Cabral, L., and Hortaçsu, A., 2010: The Dynamics of Seller Reputation: Evidence from Ebay, *Journal of Industrial Economics*, Vol. 58, No. 1.

[23] Cairncross, F., 1997: *The Death of Distance*, Boston: Harvard Business School Publishing.

[24] Campbell, C., Ray, G., and Muhanna, W. A., 2005: Search and Collusion in Electronic Markets, *Management Science*, Vol. 51, No. 3.

[25] Cavallo, A., 2017: Are Online and Offline Prices Similar? Evidence from Large Multi – Channel Retailers, *American Economic Review*, Vol. 107, No. 1.

[26] Chen, Y., Hu, X., and Li, S., 2017: Quality Differentiation and Firms' Choices Between Online and Physical Markets, *International Journal of Industrial Organization*, Vol. 52.

[27] Chevalier, J. and Goolsbee, A., 2003: Price Competition Online: Amazon Versus Barnes and Noble, *Quantitative Marketing & Economics*, Vol. 1, No. 2.

[28] Clay, K., Krishnan, R., and Wolff, E., 2001: Prices and Price Dispersion on The Web: Evidence from The Online Book Industry, *Journal of Industrial Economics*, Vol. 49, No. 4.

[29] Ellison, G. and Ellison, S. F., 2018: Match Quality, Search, And the Internet Market for Used Books, *NBER Working Papers*.

[30] Ellison, S. F., Snyder. C., and Zhang, H., 2018: Costs of Managerial Attention and Activity as A Source of Sticky Prices: Structural Estimates from an Online Market, *NBER Working Papers*.

[31] Fan, J., Tang, L., and Zhu, W., 2018: The Alibaba Effect: Spatial Consumption Inequality and the Welfare Gains from e-commerce, *Journal of International Economics*, Vol. 114.

[32] Garicano, L. and Kaplan, S. N., 2001: The Effects of Business-to – Business E – Commerce on Transaction Costs, *Journal of Industrial Economics*, Vol. 49, No. 4.

[33] Goldfarb, A. and Tucker, C., 2012: Shifts in Privacy Concerns, *American Economic Review*, *Vol.* 102, No. 3.

[34] Goldmanis, M., Hortacsu, A., and Syverson, C., 2010: E – Commerce and the Market Structure of Retail Industries, *The Economic Journal*, Vol. 120, No. 545.

[35] Goolsbee, A., 2001: Competition in the Computer Industry: Online Versus Retail, *Journal of Industrial Economics*, Vol. 49, No. 4.

[36] Gorodnichenko, Y. and Talavera, O., 2017: Price Setting in Online Markets: Basic Facts, International Comparisons and Cross-border Integration, *American Economic Review*, Vol. 107, No. 1.

[37] Hongbin, Cai., Ginger, Zhe. Jin., and Chong, Liu., 2013: More Trusting, Less Trust? An Investigation of Early E – Commerce in China, *NBER Working Papers.*

[38] Lewis, G., 2011: Asymmetric Information, Adverse Selection and Online Disclosure: The Case of Ebay Motors, *American Economic Review*, Vol. 101, No. 4.

[39] Li, L. I., Tadelis, S., and Zhou, X., 2016: Buying Reputation as A Signal of Quality: Evidence From An Online Marketplace, *NBER Working Papers.*

[40] Morton, F. S., Zettelmeyer, F., and Silva – Risso, J., 2001: Internet Car Retailing, *The Journal of Industrial Economics*, Vol. 49, No. 4.

[41] Rhodes, A. and Zhou, J., 2019: Consumer Search and Retail Market Structure, *Management Science*, Vol. 65, No. 6.

[42] Shi, M., Zhou, J., and Jiang, Z., 2019: Consumer Heterogeneity and Online Vs. Offline Retail Spatial Competition, *Frontiers of Business Research in China*, Vol. 13, No. 1.

[43] Tadelis, S. and Zettelmeyer, F., 2015: Information Disclosure as A Matching Mechanism: Theory and Evidence from A Field Experiment, *American Economic Review*, Vol. 105, No. 2.

[44] Tadelis, S., 2016: Reputation and Feedback Systems in Online Platform Markets, *Annual Review of Economics*, Vol. 8, No. 1.

Economic Analysis of Online and Offline Competition and Regulation

Mingming Shi　Zhou Jiang

Abstract: The rapid rise of digital retailing will change the original competitive landscape and market equilibrium, bringing new features and new problems to the online and offline market. This article conducts an economic analysis of these new features and problems, and also analyzes the market supervision and regulation under the new economy. We find that online retailers are easier to adopt a price discrimination strategy, so that online prices are characterized by price dispersion or multiple price equilibrium. More transparent prices and lower menu costs also make online markets more prone to horizontal collusion. While online market is reducing the cost of searching and information for consumers, there is also a serious problem of the online market failure caused by information asymmetry. The new market characteristics of the digital transformation of offline retail and the integration of online and offline put forward new requirements for the original regulatory mechanism. Platform supervision and government regulation needs to clearly define the objectives, innovate the ideas and methods of regulation and establish a scientific governance policy system that conforms to economic characteristics and changes in market structure. This article theoretically discusses the new features and new problems of online and offline competition, analyzes the importance and necessity of establishing a regulatory system for new competition behavior under the new characteristics of online and offline market, and also proposes several promising directions for further research.

Key Words: Online vs. Offline Competition　Online Market Failure　Economic Regulation

JEL Classification: L10　D40

数字经济对纺织服装业全球价值链分工地位影响研究

于李娜　隋晓静*

摘　要：20 世纪 90 年代以来，数字经济快速发展，成为世界生产方式变革的重要驱动力，传统产业的数字化转型也是各国政府未来重点关注的方向。研究基于 2008 ~ 2014 年世界 21 个国家的跨国面板数据，以纺织服装产业为研究对象，探究数字经济发展对一国纺织服装产业在全球价值链中分工位置的影响及其作用机制，并对数字经济影响一国纺织服装产业全球价值链分工地位的交易成本、技术创新的双重中介效应进行检验。结果表明：（1）数字经济对纺织服装业全球价值链地位具有正向影响，且移动方向为研发设计等上游环节；（2）技术创新是数字经济影响纺织服装业全球价值链分工地位的重要渠道，发挥中介效应作用；（3）交易成本遮掩了数字经济对纺织服装业全球价值链分工地位的影响，具有遮掩效应。

关键词：数字经济　全球价值链　纺织服装业　上游度指数　中介效应

一、引　言

20 世纪 90 年代以来，信息通信技术（ICT，Information and Communication Technology）与运输技术的快速发展使产品生产分割到不同国家和地区，全球价值链（Global Value Chain，GVC）成为国际分工的主导形态。随着 GVC 分工深化，各国之间分工逐渐从产业间部门和产业内部门转向产品内部门和“任务”部门，传统意义上的“货物贸易”（Trade in goods）也逐渐分散为任务贸易①（Trade in tasks）和网络贸易（Zi，2016）。产品零散化生产与分工深化增加了全球贸易总量，很多发展中国家也参与到全球价值链活动中。全球价值链是发展中国家获得技术、积累技能和为长远产业升级创造机会的重要途径，与此同时，各国经济发展不平衡问题也日益凸显，发达国家跨国公司凭借其资本与技术优势占据全球价值链的高端地位，主导“微笑曲

* 于李娜：中国海洋大学经济学院；地址：山东省青岛市崂山区松岭路 238 号，邮编 266100；Email：yulina@ ouc. edu. cn。
隋晓静：中国海洋大学经济学院；地址：山东省青岛市崂山区松岭路 238 号，邮编 266100；Email：sxj1570009413@ 163. com。

① 生产日益碎片化并分散到全球各处，使得制造任务和其他业务功能的“离岸外包”蓬勃发展。

线”上下游，而多数发展中经济体为受到自身发展限制以及发达国家技术封锁，仍然位于获利甚微的全球价值链低端环节。

纺织服装产业是一个很好的例证。作为世界上最古老、规模最大、全球化程度最高的产业之一，纺织服装产业生产高度分散，遍及全球，拥有复杂的全球生产网络和供应链，竞争十分激烈（Gereffi，1999）。早在 20 世纪 60 年代，纺织服装产业的全球价值链就已形成。随着纺织技术的成熟和劳动力成本的变化，世界纺织服装生产经历了几次大规模转移，各国依据其自身比较优势逐渐形成如下分工格局：由欧美日等发达国家掌控纺织服装价值链高端环节，从事高附加值的品牌营销、研发设计和面料生产；广大发展中国家凭借廉价的劳动力承接产业转移，专门从事成衣加工等低附加值环节。而近年来这稳定的分工格局受到了两次冲击，1995 ~ 2005 年，世界贸易组织（WTO）通过纺织品与服装协议（ATC，Agreement on Textiles and Clothing），逐步取消纺织业多种纤维协定（MFA，Multi – Fiber Agreement）①，同时，2008 年的全球金融危机使欧美等国纺织品需求下降，致使许多大型服装出口商之间的合并，小型出口商被剔除，生产减少。这两次冲击加剧了纺织服装业的国际竞争，对其全球价值链分工体系产生较大影响。纺织服装业在贸易、就业等方面发挥的作用十分重要，从长远来看也为各国提供了经济可持续发展的机会，寻求新的发展动力对于全球纺织服装产业发展具有重要意义，而随着 ICT 产业的发展，数字经济进入大众视野并日益成为推动全球经济发展的重要力量，也给纺织服装产业转型升级带来新的契机。

联合国贸易和发展会议在《2017 年世界投资报告》中指出，数字经济可以提升所有行业的竞争力，帮助企业进入海外市场并参与全球电子价值链。数字化转型在全球议程中占据了重要位置，改变了传统商业模式，成为支撑全球价值链的关键因素，重塑了全球经济组织（Gestrin and Staudt，2018）。作为典型的传统产业，智能制造、柔性制造也日益渗透到纺织服装行业的各个生产环节，2014 年麦肯锡全球时装报告表明，数字化是时装产业未来的发展趋势之一。Nielsen（2014）报告了全球在线购买意向，其中服装和配饰销售额在亚太和欧美地区均排名第一。数字经济影响着纺织服装产业部门和企业在全球价值链中的位置，例如 Gap 和 H&M 作为传统的老牌服装企业，占据着服装制造业大众品牌的龙头地位，但 ZARA 作为后来者，通过采用最新的信息技术便可较快获得前者需要长期积累得到的生产技术和研发能力（Tokatli，2008），2019 全球最有价值服饰品牌 50 强榜单中，ZARA 已超过 Gap 和 H&M 位列榜单第二名②。由此可见，研究数字经济对纺织服装

① MFA 允许欧美等发达国家进口国对纺织品采取进口数量限制以保护国内产业，虽在一定程度上保障国际纺织品贸易的稳定，但限制了纺织品贸易的发展，ATC 协议旨在分阶段取消 MFA 所规定的进口配额限制，使得协议生效十年时，进口限制全部取消。

② 数据来源于 Brand Finance。

产业全球价值链分工地位的影响具有重要意义。数字经济对纺织服装行业全球价值链分工地位有何影响？能否推动纺织服装业向价值链高附加值环节转移？如果可以，又是通过何种渠道实施的？本文基于全球价值链治理理论，结合纺织服装产业特点及其全球价值链分工特征，从交易成本减少与技术创新激励两个角度分析数字经济对纺织服装业在全球价值链中分工地位的影响。

二、相关研究综述

数字经济概念提出时间较短，名称多变，过去几十年，ICT 产业经历了飞速发展，推动了现代经济的转型，Cohen et al.（2000）认为这种由现代电子信息技术的发展推动的现代经济转型已被各种名称所描述，包括网络经济、信息经济、数字经济等。世纪之交的转型时期，互联网、电子商务也在一定程度上成为数字经济的代名词。虽然数字经济作用于全球价值链的相关研究较少，也缺乏从全球价值链角度探讨数字经济对纺织服装业影响的研究，但信息经济、电子商务与纺织服装业关系的研究以及纺织服装业价值链分析研究与本文密切相关，能为本文研究提供有益启示。

（一）数字经济的测度

数字经济目前仍没有明确的定义，中国信通院（CAICT），Zhang and Chen（2019）等从广义和狭义角度来定义数字经济。狭义定义即数字产业化，包括电信、互联网、IT 服务等 ICT 部门；广义定义包含与数字经济有关的一系列经济活动，不仅是 ICT 等新兴产业，还包括与 ICT 产业相结合的传统产业的数字化转型服务等，即包含数字产业化与产业数字化，后者主要是对传统制造业、服务业进行效率的提升和产出的增加，从而提升其在全球价值链中的地位和竞争力。Gestrin and Julia（2018）、Barefoot et al.（2018），2016 年 G20 杭州峰会也基本是从广义角度来定义数字经济。定义不同也产生不同的测度方式，一种是直接测算法，在界定的范围下，统计出一定区域内的数字经济的规模量，如 CAICT 通过加总数字行业产业增加值与基于增长核算账户模型与分行业 ICT 资本存量核算产业数字化规模来测算数字经济总量，夏炎等（2018）基于投入占用产出模型，将所有工业部门分为 ICT 产业与传统产业，采用支出法 GDP 测度了中国数字经济规模。另一种为多维度指标测算，即采用多个维度的指标，对比不同国家和地区间的数字经济发展情况，如张雪玲、焦月霞（2017），王振等（2017）。这些指标能够很好地从宏观层面测度一国数字经济总量，但无法获取细分到行业层面的数据。而 OECD 科学、技术和创新理事对 ICIO 表中 ICT 部门定义，能够很好将数据细分到行业层面，为本文提供数据借鉴。

（二）纺织服装业价值链分析

纺织服装业是最为全球化的行业之一，作为出口导向型国家典型的“首发”行业，纺织服装业在一国尤其是发展中国家早期参与国际贸易发挥了重要作用，随着价值链理论的发展，学者们也将纺织服装产业纳入全球价值链的分析中。对纺织服装业价值链相关理论研究集中于全球价值链的治理层面，以 Gereffi 等的研究为主，Appelbaum and Gereffi（1994）首先将全球商品链分析框架引入纺织服装行业，Gereffi（1999）以东亚服装为例，分析了商品链的国际化进程，纺织服装行业被确定为典型性的买方驱动型价值链，即由全球大买家控制全球生产网络，主要包含零售商、营销商以及品牌制造商这三类领导者，Gereffi and Memedovic（2003）基于上述研究框架，分析了领导企业在服装价值链中建立全球采购网络的作用，随着服装生产全球化与竞争的加剧，各类主导公司逐步停止生产，专注于高附加值环节，使得企业生产边界的模糊，从而不断在价值链中调整自身角色，Azmeh and Nadvi（2014）从公司层面的案例研究表明亚洲领先的跨国服装制造商与全球买家密切合作，有效塑造了服装全球价值链的整体框架，亚洲大型供应商正成为生产和贸易组织结构调整的关键参与者。国内学者研究多是基于全球价值链治理理论，探究中国纺织服装业如何突破价值链低端生产困境，提升相关部门企业在全球价值链中的地位与竞争力，如黄永明等（2006）、谭力文等（2008）、卓越、张珉（2008）。

实证分析中，现有研究主要集中于用不同的测算方法来测度纺织服装业在全球价值链中分工地位，如王飞、郭孟珂（2014）采用的行业上游度、全球参与度以及修正过的显性比较优势指数比较中国与世界其他国家纺织服装业的全球价值链地位，李晓钟、胡珊（2018）基于 GVC 地位指数与 Kaplinsky 升级指数细分了中国纺织业不同产品的产品升降级情况，Zhao（2010）利用每单位劳动的增加值与 RCA 指数测度中国纺织服装业在全球价值链中的分工位置，实证分析表明中国虽然参与全球价值链程度不断加深，但竞争力却在不断下降。

（三）数字经济与纺织服装业研究

目前缺乏从全球价值链视角探究数字经济对纺织服装业影响的研究，大部分研究将纺织服装业作为传统制造业的一部分，专注于数字经济对传统制造业转型升级的影响（赵西三，2017），关于对纺织服装产业的影响研究集中对产业转型升级的影响上，李晓钟、黄蓉（2018）基于产业融合理论构建了工业 4.0 背景下中国纺织产业与电子信息产业的产业融合评价模型，实证分析了两大产业的融合有助于促进纺织服装业竞争力的提高，Sabrina et al.（2019）以印度尼西亚的纺织服装产业为例，建立新的电子供应链管理模型，有利于提高纺织品与服装的制成效率，实现生产的快速响应与业务流程优化。Novakovic et al.（2010）认为Internet应用程序能够搜集消费者的个性化订单，实现消费者需求的快速响应，并借助印刷技术使得消费者参与到纺织服装产品的设计过程。Daly and Bruce（2002）采用案例研究法，探究电子商务程序在纺织服装价值链中的生产商、服装制造商以及零售商的使用，有利于企业间打破交流与信息沟通的障碍，增强与消费者之间的沟通。

综上，现有研究对纺织服装业全球价值链层面的分析多专注于理论完善与地位测度方面，而在数字经济与纺织服装业关系的研究中，学者们多将纺织服装产业纳入整体制造业，以探究数字经济对制造业转型升级的影响，缺乏具体行业层面的研究，较少有文献将数字经济、纺织服装业、全球价值链因素纳入一个分析框架中，数字经济直接作用于纺织服装业全球价值链的理论与实证研究也略显不足。基于此，本文尝试从全球价值链角度探究数字经济对纺织服装业的作用机制，结合纺织服装业的特点，从交易成本与技术创新两个角度探究数字经济对纺织服装业在全球价值链中分工地位的影响机理与作用。同时在机理分析的基础上，基于全球21个国家2008~2014年的跨国面板数据，本文构建双重中介效应模型进一步进行实证检验，以期对纺织服装业的数字化转型提供一定的借鉴。

三、影响机制分析与研究假设

由世界贸易组织（WTO）等机构联合发表的2019年全球价值链发展报告指出，数字经济的崛起为各国中小企业参与全球价值链提供了机遇，特别是在降低成本与新业务模式的出现方面。数字信息技术已被广泛应用于提高包括纺织和制衣业在内各行业的全球竞争力，产生了诸如数字纺织品印染、时尚服装的个性化定制、基于互联网平台的线上成衣销售等新型模式。根据Gereffi et al.（2005）的GVC治理理论，纺织服装产业多种GVC治理模式共存，交易复杂性高，可编码性较差，全球买家调控全球生产网络，供应端供应商能力较差。由此可见，实现企业间有效知识信息传递从而降低交易成本，以及创新产品生产以提高供应商能力将对纺织服装产业的全球价值链地位有重要影响。如图1所示，纺织服装产业全球价值链十分庞杂，工序繁复，交易环节众多，本文将纺织服装业全球价值链分为主链与辅链环节，主链活动大体包括原料、生产以及销售三个主要环节，辅助活动则以支持形式立于主链平台之下，贯穿于纺织服装业全球价值链各个阶段，以提高主要活动的生产效率，每一项活动都在最终产品或服务的每个阶段创造并增加价值。本文基于现有研究，结合产业特点，将数字经济对纺织服装产业GVC地位可能影响渠道总结为交易成本节约效应与技术创新激励效应两个方面，并提出相应研究假说。

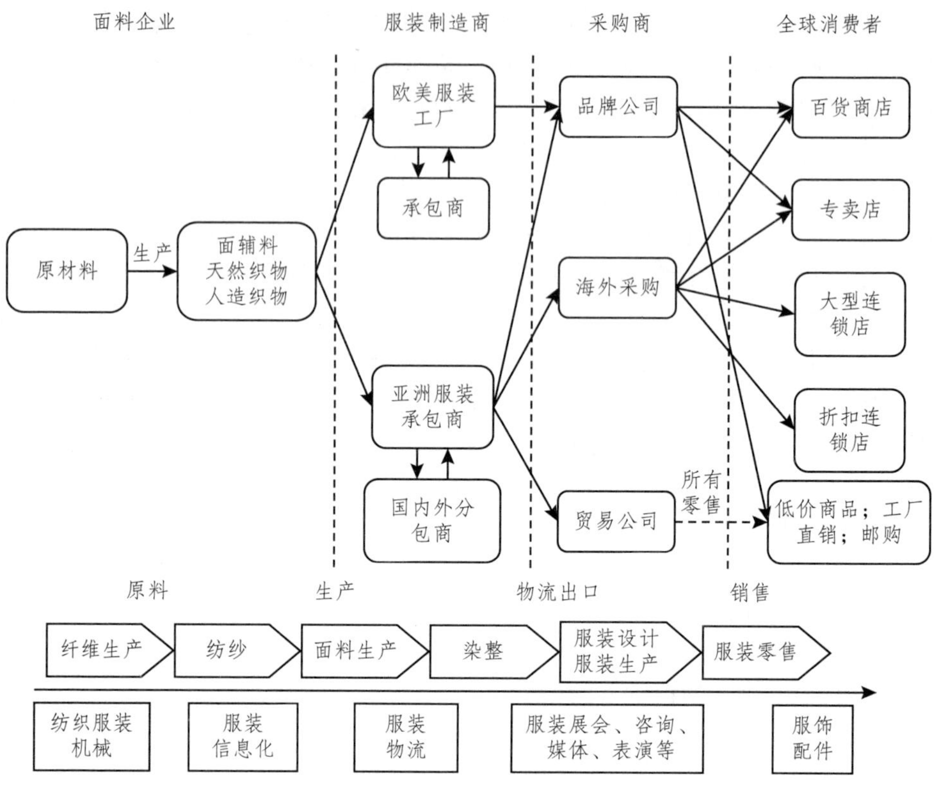

图 1 纺织服装业全球价值链

资料来源：根据 Appelbaum and Gereffi（1994）和宁俊（2007）整理。

（一）交易成本节约效应

信息和通信技术通过供需双方的交易成本影响全球贸易模式（Abeliansky and Hilbert，2017）。纺织品和服装产业领域全球价值链是国际贸易的重要组成部分，全球采购者控制整个链条中资源的配置并决定产品的生产，而全球采购项目的交易成本通常高于本地供应商的采购项目，因为他们在搜索、启动、谈判、执行和控制方面做出了更多的努力（Bremen et al.，2010）。张五常（2000）认为交易成本是“除了与物质生产和运输过程直接相关的成本以外的其他可想到的成本”，可以看作搜寻成本、信息成本、协调成本、谈判成本、实施成本、监督管理成本等一系列制度成本。以信息通信技术为基础的数字经济对于降低交易成本有重要影响，本文依据纺织服装产业全球价值链特征，从市场主体、交易方式与交易流程三个角度进行分析。

市场主体层面。纺织服装行业全球价值链中主要交易主体为面料生产商、服装制造商、跨境采购商以及消费者。数字经济发展有助于降低各交易主体间交易成本，具体为交易双方建立联系，达成交易的“双向契合”而产生的搜寻成本、信息成本与沟通成本。一方面，数字经济发达国具有完善的数字基础设施与舒适的技术创新环境，随着数字经济发展，普惠性日益明显，在买卖双方之间，基于数字信息技术的电商平台，面料生产商与服装制造商可充分展示其产品信息与价格信息，扩大全球买家与消费者的选择范围并减少交易过程中信息的不确定性，使远距离多时空的边界交易成为可能，从而降低供需双方找到彼此而产生的搜寻成本，与因空间地理差距而难以获取商品与服务的信息成本（刘向东等，2019）；另一方面，数字经济劣势国由于缺乏相应的发展数字经济的政策环境，可能难以承接来自其他发达国家的生产环节的转移，以低劳动力价格和低附加值环节嵌入全球价值链的国家，在数字经济飞速发展的今天，其后发优势可能被明显削弱，但基于数字化平台的交易有助于企业之间加强交流，降低学习成本，建立长期合作伙伴关系，打破企业原有的纵向连接关系，实现专业化生产，例如快速时装行业中大多数公司都表现为设计、即时生产、交付与销售的垂直整合，如图2所示。

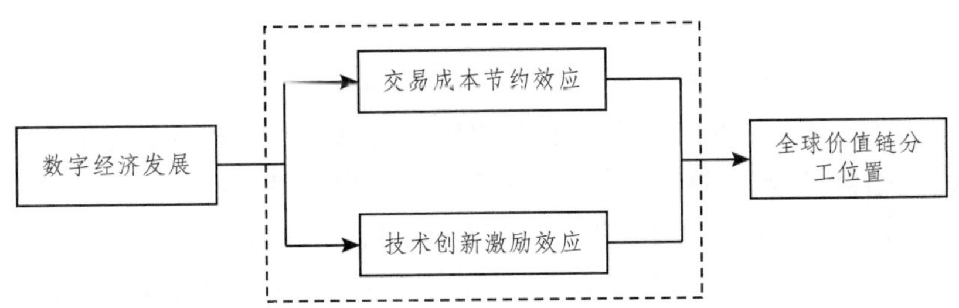

图2　数字经济发展对全球价值链分工位置的影响机制

交易方式层面。数字经济发展颠覆传统交易方式，有效降低了交易过程中的谈判成本与支付成本。纺织服装产业传统交易方式即零售商与制造商面对面沟通，集中购买并就价格、质量和交货时间进行大量谈判，且传统纸质化支付手段也带来一定运输与存储风险。数字经济时代，消费者越来越倾向于线上交易，Li et al.（2019）以中国为例，表明尽管2012年以来整体出口增长已经减速，但跨境电商交易仍快速增长，其中，纺织品与服装类是最受欢迎的在线产品之一。在线支付具有简易性与安全性的特点，据统计，80%的中国消费者更愿意使用手机支付，依托数字信息技术的互联网平台用户以低成本连接，根据梅特卡夫法则，连入互联网的用户数量越多，网络价值越大，用户基于平台的链接构成虚拟网络打破时间地域的限制，提高了交易效率。例如，2019年天猫“双11”当日交易额达2684亿美元，订单峰值达到54.4万笔/秒，物流订单覆盖超过220个国家和地区[①]，同时，互联网平台“轻资产”的性质降低了实物资产管理的交易成本（Wu and Gereffi，2018），

① 数据来源于阿里巴巴官方微博。

无纸化支付手段与网络形式的沟通交流又在一定程度上减少交易过程中的支付成本与谈判成本。

交易流程层面。纺织服装产业 GVC 交易环节大体包括织物生产、服装成衣与零售。数字经济渗透到产业价值链各个环节，优化生产效率，缩减中间环节，提高交易效率并降低交易成本。其一，交易流程优化方面，数字经济与传统纺织服装产业融合发展，云计算、大数据渗透纺织服装产业，提升其管理水平与交易效率。电子供应链管理（e - SCM）能够实现业务流程的优化，提高纺织或制衣公司的效率。通过开发电子时尚的管理信息系统，能实现快速响应管理，采用项目生命周期管理（Product - Lifecycle - Management，PLM）软件，有利于缩短传统服装与快速时尚服装供应链（Lu，2014）。其二，交易流程简化方面，数字化网络有利于缩减价值链中不必要的中间环节，减少渠道冲突，从而减少整个交易流程中的交易成本。在纺织服装产业中，因终端消费者市场的快速更迭，其产品生命周期很短，因此需要及时了解消费者需求变化，实现最终消费者与供应商的直接对接，实现大规模个性化定制。如青岛红领集团，从 2003 年便开始寻求突破，其历时 13 年所打造的独特的 C2M（Customer to Manufacturer）个性化定制平台，采用数据建模和标准化信息采集的方式，将顾客分散、个性化的需求，转变为生产数据，创新打版和量体方式，实现了从规模化批量生产向大规模个性化定制的生产转变。2015 年，红领集团互联网定制业务收入及净利润收入均同比增长超过 100%，利润率达到 25% 以上①，各项业务数据稳步增长，成功从传统服装生产企业转型为网络科技型企业。通过大数据使交易者“点对点”直接沟通，从而绕过传统中介，服装制造商甚至可以直接与海外消费者联系，同时简化交易，克服物流障碍并降低交易成本。相较于传统交易方式，数字经济触达性更广，使连接互联网的用户都能享受到数字经济带来的便利。Lohrke et al.（2006）运用包括纺织服装企业在内的美国 42 家中小型企业数据分析指出，互联网为企业提供了一种直接与客户交换信息的机制，可以减少由于依赖渠道中介而导致的交易成本。

当代国际分工条件最为重要的变化就是以现代科技进步为基础的交易成本的大幅度降低（张纪，2007），与传统贸易相比，交易成本是企业竞争力的重要组成部分，并决定了参与部分生产网络的能力（Diakantoni et al.，2017）。一方面，各市场主体间交易成本的降低有助于增强生产商与消费者之间的交流，并逐渐形成以客户需求为中心的服务导向，相比于其他行业，对纺织品与服装的刚性需求使得消费者更愿意与供应商进行互动，更多的增值会出现在双方互动过程中，促使供应商为消费者提供服务从而促进价值链服务化的发展，而对于数字经济劣势国来说，其后发优势可能被削弱，但基

① 数据来源于商务部 2015 ~ 2016 年度电子商务示范企业案例集。

于数字平台的交易也会为其带来新的生机，为其在网络平台中直面消费者成为可能；另一方面，交易方式与交易流程中的交易成本的降低会缩减许多不必要的中间环节，使中间商的作用减弱，厂商接近终端消费者市场，重塑纺织服装行业需求端，如图 3 所示。

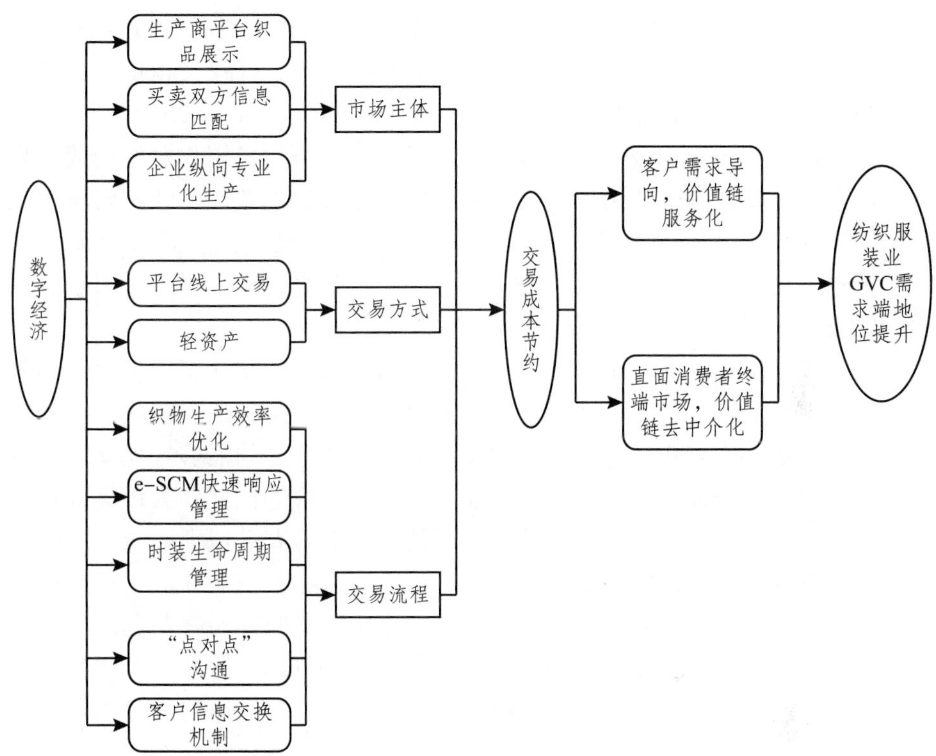

图 3　数字经济基于交易成本渠道影响纺织服装业 GVC 地位的机制分析

（二）技术创新激励效应

知识与创新是纺织企业获得竞争优势从而实现国际化的必要因素，以信息通信技术为核心技术手段的数字经济表现出强烈的技术特性，对纺织服装产业技术创新的激励效应可分为两个方面：产品创新与流程创新。

产品创新方面。首先，数字经济产业深入渗透到纺织服装行业中，尤其是技术密集型的研发创新部门，实现产品质量创新。如数字印刷技术以高分辨的打印设计与色差调整使得纺织品图案更具吸引力，颜色是具有代表性的质量因素，数字成像设备能够快速识别颜色，加强纺织品质量管理。其次，数字经济打破沟通与协调的障碍，为纺织企业搜集消费者需求信息提供支持，实现产品设计的创新。纺织品创新与成衣服装创新可以体现在评估虚拟服装的搭配中，如 Sabrina et al.（2019）所描述的基于朴素贝叶斯的服装评估模型，通过3D服装CAD软件评估虚拟服装的搭配，应用在电子购物环境中，为消费者提供更加灵活的选择。例如2006年创立于淘宝网的韩都衣舍，数字经济时代为快速适应并充分利用互联网汇集消费者反馈情况，其创新组织形式，构建起以产品小组制为核心的“单品全称运营体系”，对消费者反馈进行快速识别、整合，提供消费者喜欢的产品，实现生产链的弹性化，2015年，其通过第三方平台的销售收入达12.44亿元，占总营业收入的98.7%①。另外，纺织品个性化定制在纺织工业中将变得越来越重要，其工作流程由互联网应用程序与印刷技术组成（Novakovic et al.，2010），互联网技术的应用能使客户积极参与设计产品，提供易于访问且用户友好的通信界面，而数字印刷技术的使用对小批量印刷生产更具成本效益。消费与研发之间的距离被打破，使得消费者的需求信息能够及时反馈到企业设计研发部门，消费者参与到研发设计的过程，有利于克服、减轻“牛鞭效应”②（Bullwhip Effect），实现产品设计的创新。

流程创新方面。一是组织生产流程的创新，通过数字化交互平台，品牌经营者可以与个人消费者进行互动以创造更高的产品附加值，互联网技术能有效增强价值链内合作及组织之间的交互方式，企业之间能够轻松交流并分享知识经验，从而促进长期关系的建立，形成战略合作伙伴并为市场提供可靠的纺织品（Daly and Bruce，2002）。互联网在市场需求识别以及产品创新设计上存在天然优势，时装设计师们思维固势有时会严重阻碍时尚服装的设计，而日益庞大的消费者可能以各自独特的思维方式与阅历参与到时尚服装的设计中，提供战略性创新资源。二是销售渠道的创新，服装产品销售是纺织服装产业链中最为重要的一环，时装零售商长期以来一直将注意力集中在时装创新者身上，而这些消费者偏好使用互联网的交易渠道，纺织企业需迎合市场需求变化，重视线上销售渠道创新。以中国纺织服装公司为例，通过名人在线直播的方式，品牌可以收到大量消费者对实时销售服装的反馈，倒逼供应商改进产品设计并优化库存管理，中国的服装公司正在推动消费者反馈价值链的出现（Li et al.，2019），呈现出与传统买方驱动链不同的治理形式。

企业技术创新是其不断发展的内在核心动力（何甜甜，2015），纺织服装业不断发展的载体就是行业中所有企业，企业技术创新能力决定企业的竞争优势，进而对整个行业竞争优势产生影响。一方面，技术创新带来了产品创新能力的提升，对原有产品质量的改善以及纺织品的个性化足以提高非价格因素的产品的出口竞争力；另一方面，流程创新又可以降低纺织服装企业

---

① 数据来源于商务部2015～2016年度电子商务示范企业名单。

② 牛鞭效应，也称作不稳定问题，主要指信息流从最终客户端向原始供应商传递的过程中，由于无法实现信息共享，而产生的一种信息扭曲放大的现象。

的经营成本，纺织企业之间的交流互动又在一定程度上降低了技术等生产要素的投入成本，增强了产品的价格方面的竞争力，从而提升企业向其他国家和地区提供中间产品的能力，促进其向纺织服装价值链的上游环节转移，如图 4 所示。

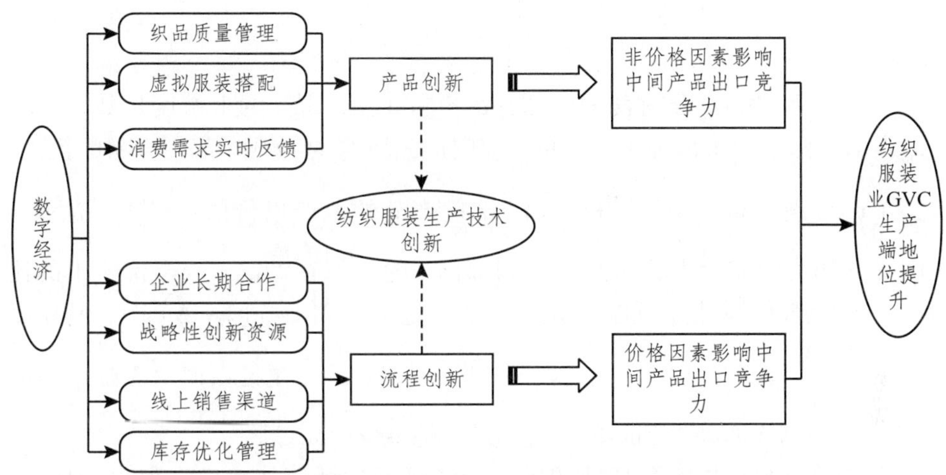

图 4　数字经济基于技术创新渠道影响纺织服装业 GVC 地位的机制分析

基于以上理论分析，本文提出以下研究假设：

假说 1：数字经济的发展可以促使一国纺织服装产业向全球价值链具有高附加值的环节转移，即数字经济越发达的国家，其纺织服装业在全球价值链中获得的附加值越高。

假设 2：数字经济可以通过交易成本节约效应促进一国纺织服装产业全球价值链在需求端地位中的提升，即交易成本在数字经济与纺织服装产业全球价值链分工位置之间的作用机制是遮掩效应。

假设 3：数字经济可以通过提高技术创新能力促进一国纺织服装产业全球价值链在供给端地位中的提升，即技术创新对数字经济与一国纺织服装产业全球价值链分工位置之间的作用机制为中介效应。

四、变量选取、数据说明及模型设定

（一）变量选取

1. 被解释变量

本文重点关注数字经济的发展对于一国纺织服装业全球价值链分工地位的影响，因此选取全球价值链分工地位为被解释变量。目前，衡量一国或部门参与全球价值链分工程度的指标有很多，如全球价值链地位指数（koopman et al.，2010）、垂直专业化率指标（Hummels et al.，2001）等，但这些指标无法准确测量一国产业在全球价值链分工中的具体位置，Antràs et al.（2012）提出的产业出口上游度指标能有效解决这一问题，并在国内学术研究中也被较多采用（马风涛，2015）。本文借鉴其提出的测度方法，用于测度一国纺织服装产业全球价值链分工地位。公式计算如下：

$$U_{mi} = 1 + \sum_{jn} \frac{d_{minj} Y_{nj}}{Y_{mi}} U_{nj} \tag{1}$$

其中，U_{mi}和U_{nj}分别表示 m 国产品 i 和 n 国产品 j 的上游度指数，产品d_{minj}表示 n 国生产价值为 1 美元的 j 部门产品所需的 m 国 i 部门产品的投入，Y_{mi}和Y_{nj}分别指 m 国 i 部门和 n 国 j 部门产品的总产出价值；$\frac{d_{minj} Y_{nj}}{Y_{mi}}$表示 m 国产品 i 作为中间投入品消费到 n 国部门 j 的价值在产品 i 产出价值中的比例。运用矩阵代数法，可以将算法简洁表述为 $GVCD = [I - \Delta]^{-1} l$，其中 Δ 表示以$\frac{d_{minj} Y_{nj}}{Y_{mi}}$为第（i，j）项元素的矩阵，$[I - \Delta]^{-1}$在投入产出文献中被称为产出逆矩阵或高斯（Ghose），逆矩阵 l 是单位列向量。

处于全球价值链上游环节的国家专注研发设计等技术密集型生产环节，致力于为世界其他国家提供有技术含量的中间产品，而下游环节的国家则靠近消费者终端市场，专注于零售或品牌营销等客户服务方面。从一国行业角度来讲，GVCD 指数（上游度指数，又称最终需求距离指数），表示一国单个产业所生产的产品与服务在到达最终消费者手中时所经历的生产阶段数，或者与最终消费者之间的距离，该指数越高意味着离最终消费市场越远，而在价值链起始阶段的投入品生产方面更加专业化，越倾向于生产和提供中间产品，与世界其他国家中间品关联程度更大，反之则表明该部门产品更加接近于最终消费者。若上游度指数为 1，表明生产的产品直接用于最终消费品市场，而不经过任何中间环节。

2. 解释变量

G20 国家数字经济结构中产业数字化部分所占比重在 2017 年为 84.47%，较上一年上升 0.29 个百分点，表明全球数字经济正逐步向 ICT 产业与传统产业深度融合方向发展（CAICT，2018）。本文基于数字经济定义，侧重于数字经济中产业数字化部分，考虑到数据可得性，将 ICT 部门投入占纺织服装业产出比重作为本文核心解释变量。虽然不是所有 ICT 产品与服务都在数字经济范围内，但两者在很大程度上是重叠的（Barefoot et al.，2018）。根据经合组织（OECD）对于 ICT 产业的定义，选择 WIOD 数据库中计算机、电子和光学品制造（C26），电信业（J61），计算机编程、咨询和信息服务活动（J62_63）作为数字经济替代产业，相关测度公式如下：

$$dig_{it} / digw_{it} = (com_{it} + Tel_{it} + Infor_{it}) / g_{it} \tag{2}$$

dig_{it}表示 t 时间内 i 国国内数字经济相关产业对于纺织服装业投入占部门总产出的比重，即国内数字化投入对纺织服装业总产出的贡献率，该变量为核心解释变量，其符号为正表明数字化投入促进产业向研发、设计等高附加值环节攀升，提升其在供给端的地位，符号为负表明数字化投入会促进产业向营销、品牌等下游高附加值环节转移，提升其在需求端的地位；$digw_{it}$表示 t 时间内世界数字经济相关产业对 i 国纺织服装业总产出的贡献率，com_{it}、Tel_{it}、$Infor_{it}$分别表示 C26、J61 以及 J62_63 产业对 i 国纺织服装业的数字化投入量，g_{it}表示 t 时期 i 国纺织服装产业的总产出。

3. 中介变量

根据前文理论分析，选择交易成本及技术创新作为数字经济影响各国纺织服装产业全球价值链的中介变量。关于交易成本变量的选取，在已有研究中，如张纪（2007）曾采用市内电话用户数来代表交易成本，随着数字经济的发展，固定电话等通信设施已不能比较准确衡量一国互联网发展水平，孙浦阳等（2017）以互联网覆盖率作为搜寻成本的代理变量。囿于数据可得性限制，本文采用各国互联网用户数（每百人）（记为 INT）来作为交易成本的代理变量。

以各国纺织服装业的研发投入水平占行业总产值的比重（记为 RD）代表技术创新，技术创新可以用创新投入与创新产出来衡量，创新投入可用产业上游企业的研发费用衡量，创新产出主要包括专利申请量，但由于创新投入可能不会有相应的创新产出，且部分创新产出难以被量化，本文借鉴魏浩、巫俊（2018）的做法，选取创新投入作为衡量指标，更能反映一国产业的创新意识与一些无法被量化的创新产出。

4. 控制变量

一国纺织服装产业出口规模（lnex）：该指标表征一国该产业的海外需求，取对数值以控制离群值与异方差的影响。预期 lnex 系数为正，即一国纺织服装产业海外需求越大，从前向关联角度下游可能更多使用本国出口的产品，全球价值链中的分工位置向上游移动；经济自由度（freedom）：该指标由《华尔街日报》和美国传统基金会发布，涵盖全球 155 个国家和地区，综合了一国财产权、政府诚信、劳动自由、货币自由、贸易开放度等数据，采用百分制，该指数越高表明一国经济自由化程度越高，预期该系数为正，即一国经济自由度越高，越有利于为本国提供研发设计等良好的外部环境，使全球价值链位置向上游生产端移动；资本深化程度（K_P）：资本深化程度从物质资本的角度反映了资源禀赋对经济体分工地位的影响，本文采用资本存量行业生产总值的比重衡量一国纺织服装产业资本深化程度，资本深化程度越高，表明研发设计等资本密集型环节所占比重较大，行业向上游研发投入方向移动，预期系数为正；外商直接投资强度（FDI）：由于缺乏各国行业细分的 FDI 数据，考虑到纺织服装产业出口导向型产业特征，本文借鉴汪思齐、王恕立（2017）的做法，以 FDI 总量与纺织服装产业出口占比之积近似表征行业 FDI，FDI 强度即用比例指标即行业 FDI 占行业总产值的比重进行衡量。预期 FDI 系数为正，即跨国公司主导的国际分工一般情况下会将东道国锁定在全球价值链中低附加值环节，而自身依靠品牌和营销方面的竞争优势，在全球价值链中处于主导地位。

（二）数据来源及说明

GVCD 指数测算、数字化投入（dig、digw）以及资本深化程度（K_P）所使用的原始数据来源于世界投入产出数据库（WIOD）提供的最新的世界投入产出表（WIOT）。该投入产出表统计了 43 个经济体之间 2000 ~ 2011 年非竞争性投入产出和双边贸易情况。考虑到数据的完整性与可得性，本文选取其中 21 个国家① 2008 ~ 2014 年的数据，建立跨国面板数据进行实证分析；研发投入（RD）数据来自于 OECD 的 STAN 数据库；互联网用户数（每百人）（INT）数据来自于国际电信联盟；其他变量数据来自 OECD – WTO 最新发布的增值贸易（TiVA）数据库、美国传统基金协会以及联合国贸易与发展组织数据库（UNCTAD Statistics）。各变量的描述性统计如表 1 所示。

表 1 变量的描述性统计

变量	样本量	均值	标准差	最小值	最大值
GVCD	147	2. 0695	0. 5154	1. 3116	3. 9406
dig	147	0. 0068	0. 0041	0. 0011	0. 1910
Digw	147	0. 0087	0. 0043	0. 0019	0. 2300
INT	147	0. 6993	0. 1750	0. 2171	0. 963
RD	147	0. 0058	0. 0053	0. 0004	0. 0321
lnex	147	8. 2679	1. 6418	5. 2928	12. 6747
freedom	147	69. 1068	6. 4090	51	81
K_P	147	0. 6189	0. 3053	0. 2339	1. 8341
FDI	147	0. 2253	0. 2538	– 0. 2505	0. 1649

① 基于 OECD – WTO 最新发布的增值贸易（TiVA）数据库，本文所选取的 21 个国家和地区纺织服装品出口总量在全球占比大于 60%，具有一定的代表性。选取的 21 个国家为奥地利（AUT）、比利时（BEL）、加拿大（CAN）、中国（CHN）、捷克（CZE）、德国（DEU）、西班牙（ESP）、爱沙尼亚（EST）、芬兰（FIN）、意大利（ITA）、日本（JPN）、韩国（KOR）、立陶宛（LTU）、墨西哥（MEX）、荷兰（NLD）、挪威（NOR）、波兰（POL）、葡萄牙（PRT）、斯洛文尼亚（SVN）、土耳其（TUR）、美国（USA）。

（三）模型设定

全球价值链分工地位是一个动态变化的过程，全球价值链分工是跨国公司主导的生产分散的结果，Robert and Tybout（1997）研究表明，企业一旦进入出口市场，其出口行为将具有持续性，前期的全球价值链分工地位可能会对现期产生影响，利用静态面板数据回归可能是有偏的，因此，本文将滞后一期的 GVC 地位指数作为被解释变量纳入回归方程中，设定如下动态面板估计方程：

$$GVCD_{it} = a + \gamma_0 GVCD_{i,t-1} + \gamma_1 dig_{it} + \gamma_2 con_{it} + \delta_{it} \tag{3}$$

为进一步识别数字经济影响纺织服装产业全球价值链分工地位的中间机制，即验证数字经济是否通过交易成本节约效应、技术创新激励效应的渠道促进全球价值链分工地位的提高，本文采用中介效应的检验方法（温忠麟等，2004；温忠麟、叶宝娟，2014），构建如下递归模型进行验证：

$$INT_{it} = b + \beta_0 INT_{i,t-1} + \beta_1 dig_{it} + \beta_2 con_{it} + \xi_{it} \tag{4}$$

$$RD_{it} = c + \omega_0 RD_{i,t-1} + \omega_1 dig_{it} + \omega_2 con_{it} + \zeta_{it} \tag{5}$$

$$GVCD_{it} = d + \theta_0 GVCD_{i,t-1} + \theta_1 dig_{it} + \theta_2 INT_{it} + \theta_3 RD_{it} + \theta_4 con_{it} + \mu_{it} \tag{6}$$

其中，i 表示国家，t 表示年份，因变量 $GVCD_{it}$ 表示一国纺织服装产业全球价值链分工地位，即上游度指数，也即“最终需求距离”指数，dig_{it} 表示各国纺织服装业的数字化投入水平，con_{it} 表示控制变量，ξ_{it}、ζ_{it}、μ_{it} 代表随机扰动项，INT_{it}、RD_{it} 为中介变量，分别表示交易成本节约效应与技术创新激励效应的代理变量，因滞后项可以在一定程度上控制遗漏变量可能的影响，因此，借鉴戴魁早（2018）的做法，将中介变量的滞后一期引入模型作为解释变量。

根据中介效应的检验方法，第一步对方程（3）进行回归，检验数字化投入的系数是否显著，γ_1 显著为正则表明数字经济能显著推动一国纺织服装业全球价值链地位向上游环节移动；第二步对方程（4）、方程（5）、方程（6）分别进行估计，以检验数字化投入对中介变量的影响以及数字化投入对纺织服装业全球价值链地位的直接效应影响，并检验系数 β_1、θ_2 与系数 ω_1、θ_3 的显著性，若两组系数都显著表明中介变量的间接效应显著，若至少一个不显著则使用 Bootstrap 法进行检验；第三步则检验直接效应 θ_1 的显著性，不显著则表明存在完全中介效应，否则即为部分中介效应，标明除交易成本与技术创新外，数字经济对纺织服装业全球价值链的影响还存在别的渠道；第四步则比较 $\beta_1\theta_2$、$\omega_1\theta_3$ 与系数 θ_1 的符号，同号表明中介变量发挥部分中介效应作用，异号表明存在遮掩效应，系数 γ_1 被低估了，数字经济对促进纺织服装业向全球价值链上游位置的影响更大，根据前文理论机制分析，本文认为交易成本的作用为遮掩效应，技术创新的作用则为中介效应。

五、实证结果与分析

（一）纺织服装业数字经济投入与全球价值链地位分析

1. 纺织服装业数字经济投入

一国整体数字经济发展水平深刻影响着其产业发展，CAICT 根据数字经济竞争力评价指标体系，测算出全球主要国家和地区的数字经济竞争力，如表 2 所示，中美凭借良好的网络市场基础与大规模数据潜力，处于全球数字经济领先地位，而排名第一的美国与第 42 位的墨西哥之间得分相差 55. 84，差距十分巨大，仿佛不可逾越的“鸿沟”，表明竞争力强与竞争力较弱的国家之间仍然可能存在严重的“数字鸿沟”问题，将深刻影响数字经济时代的全球政治经济竞争格局。

表 2 2017 年全球主要经济体数字经济竞争力排名①

排名	国家/地区	数字基础设施竞争力得分	数字产业竞争力得分	数字创新竞争力得分	数字治理竞争力得分	总得分
1	美国	88. 20	88. 93	83. 02	83. 41	85. 89
2	中国	50. 30	84. 10	58. 92	54. 97	62. 70
5	日本	44. 14	18. 51	78. 51	64. 30	51. 37
6	韩国	47. 54	12. 98	75. 61	67. 93	51. 01
7	芬兰	38. 76	7. 21	88. 09	66. 51	50. 14
8	德国	36. 87	24. 79	75. 69	58. 19	48. 88
10	荷兰	39. 47	12. 62	68. 81	69. 22	47. 53
12	挪威	40. 82	8. 12	75. 39	57. 32	45. 41
14	奥地利	34. 23	8. 38	71. 76	65. 39	44. 94
18	加拿大	29. 17	13. 02	63. 52	68. 60	43. 58
19	比利时	32. 07	11. 83	68. 27	53. 26	41. 36
20	西班牙	35. 01	12. 90	50. 89	64. 04	40. 71
22	意大利	31. 16	12. 79	48. 35	61. 61	38. 48
24	爱沙尼亚	34. 11	8. 32	56. 82	52. 47	37. 93

① 数据来源于《2017 年全球数字经济发展报告——基于国家竞争力的评价分析》。

续表

排名	国家/地区	数字基础设施竞争力得分	数字产业竞争力得分	数字创新竞争力得分	数字治理竞争力得分	总得分
26	葡萄牙	29.71	8.75	54.71	51.26	36.11
27	捷克	32.83	5.48	56.26	49.75	36.08
28	波兰	30.36	9.14	46.52	57.58	35.90
31	立陶宛	21.23	7.09	52.91	52.17	33.35
32	土耳其	24.38	9.81	44.88	53.19	33.07
36	斯洛文尼亚	12.95	6.64	65.01	44.67	32.31
42	墨西哥	25.80	10.39	32.14	51.87	30.05

基于公式（2），本文从投入产出角度测算纺织服装产业的数字化水平以及数字经济投入量，如图 5 所示，整体看来各经济数字经济相关产业对纺织服装业投入总量是不断增加的，表明纺织服装业具有数字化发展趋势，美国、欧盟等发达国家和经济体数字经济投入量较高，对纺织服装业的贡献率也位于前列，相比而言，中国、墨西哥等发展中国家数字经济投入量与贡献率均落后于发达国家水平，尤其是中国总体数字经济环境十分友好，这在一定程度上说明中国纺织服装行业数字经济利用率低，没有把握好数字经济具有的规模优势，需要加快传统行业转型升级的步伐，以提升在全球价值链中的竞争力，而墨西哥等发展中国家不仅数字经济利用率低，更为关键的是数字经济综合竞争力与发达国家相比有非常大的差距，发展数字经济关键在于缩小与发达国家之间的“数字鸿沟”。

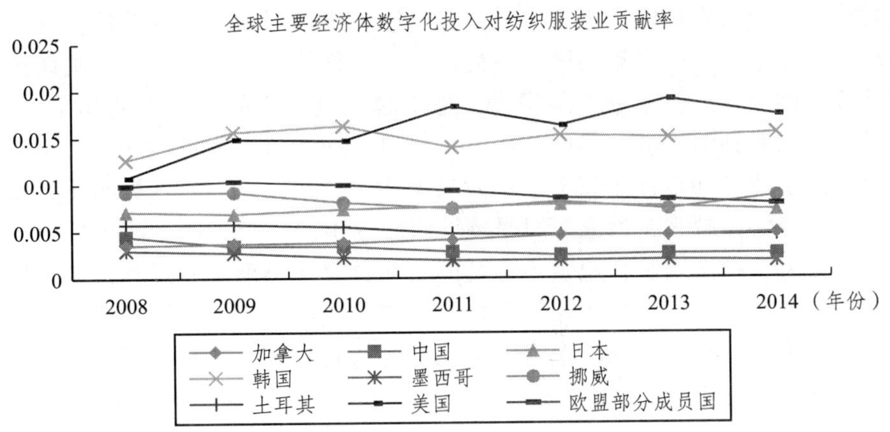

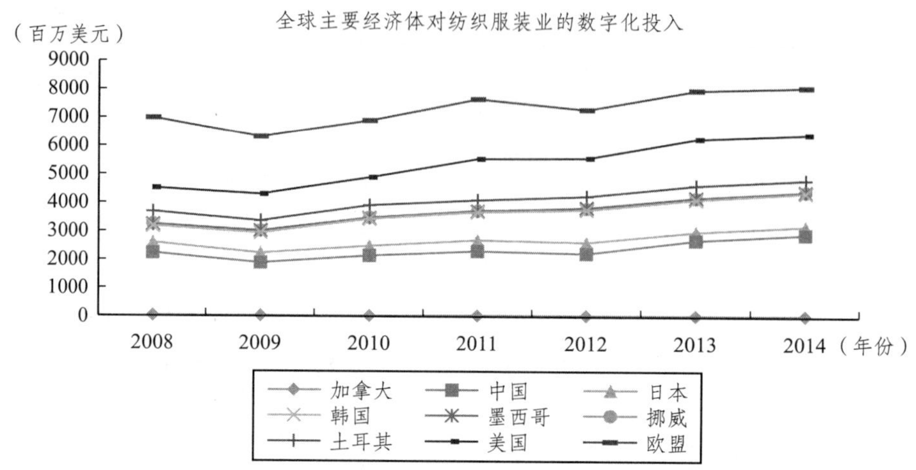

图 5 全球主要经济体 2008 ~ 2014 年数字化投入占纺织服装业总产值比重及纺织服装业数字化投入量

注：其中欧盟成员国包括奥地利（AUT）、比利时（BEL）、捷克（CZE）、德国（DEU）、西班牙（ESP）、爱沙尼亚（EST）、芬兰（FIN）、意大利（ITA）、立陶宛（LTU）、荷兰（NLD）、波兰（POL）、葡萄牙（PRT）、斯洛文尼亚（SVN）。

数据来源于 WIOD，由作者整理得到。

2. 纺织服装业全球价值链地位

根据公式（1），本文测度了 2008 ~ 2014 年全球 21 个主要经济体上游度及其变化趋势，如表 3 所示。总体而言，大部分国家纺织服装产业具有明显的上游化趋势，只有少部分国家的上游度呈下降趋势，这在一定程度上可以说明世界各国纺织服装产业之间的联系日益加强，大部分经济体都致力于在纺织服装产品起始阶段进行专业化生产。从指数层面分析，2014 年，上游度指数较高的国家有中国、挪威、韩国、日本，上游度指数位于 2.8 ~ 3.8，日韩等发达国家一直占据纺织服装业全球价值链上游高端环节，中国虽上游度指数较高，但与发达国家仍有差距，需要进一步增强对起始环节的投入。从年均增长率来看，中国年均增长率为正，上游化趋势明显，表明中国纺织服装业逐步向全球价值链的上游攀升，越来越接近于中间品生产的起始环节，另外，可以看到美国的上游度指数较高，但年均增长率为负，这或许与美国等发达经济体更加专注于服务业的发展有关，“去工业化”趋势明显，使得这些发达经济体越来越远离纺织服装价值链的生产环节，而专注于价值链的服务化发展，跨国服装企业领导者发挥品牌效应，仍牢牢占据营销、售后等高附加值环节，虽然“再工业化”的实施对美国等发达国家收回纺织服装产业高附加值环节有一定推动作用，但短期内制造业完全回流不可能实现，价值链服务化趋势明显。

表 3　纺织服装产业上游度与年均增长率

国家	2008 年	2014 年	年均增长率（%）	国家	2008 年	2014 年	年均增长率（%）
挪威	3. 211	3. 848	3. 473	墨西哥	1. 518	1. 598	0. 933
意大利	1. 788	2. 207	3. 429	加拿大	1. 973	2. 111	0. 868
韩国	2. 518	3. 000	2. 549	捷克	2. 176	2. 196	0. 355
中国	2. 466	2. 838	2. 158	土耳其	2. 062	2. 105	0. 008
荷兰	1. 684	1. 789	1. 783	波兰	1. 651	1. 717	-0. 453
日本	2. 793	3. 166	1. 668	德国	1. 989	1. 906	-0. 544
奥地利	1. 940	2. 104	1. 624	西班牙	1. 841	1. 734	-0. 585
葡萄牙	1. 487	1. 628	1. 303	芬兰	1. 872	1. 703	-1. 085
爱沙尼亚	1. 326	1. 473	1. 234	美国	2. 227	2. 148	-1. 194
比利时	1. 858	1. 939	1. 034				

（二）实证分析

在定量分析的基础上，本文对数字经济作用于纺织服装业全球价值链中分工地位的影响机制进行实证检验，考虑到经济惯性的影响，本文设定动态面板数据模型，对于适用于动态短面板的估计方法，目前存在差分广义矩估计（GMM）和系统 GMM 两种。前者无法估计不随时间变化的变量，且可能存在工具变量不理想的问题，而后者是对前者的一种扩展，相对而言更有效率。本文选择系统 GMM 法进行实证分析，并以世界数字化投入替代核心解释变量进行稳健性检验。另外，实证检验前，本文将所有数据进行去中心化处理，以保证计量结果的准确性。

1. 基准估计的结果分析

回归结果如表 4 所示，为保证计量结果的稳健性，采用逐步回归的方法，依次将控制变量纳入到回归方程中。表 4 后几行给出了模型有效性的检验结果。AR（1）、AR（2）是对扰动项是否存在自相关的检验结果，本文检测结果显示扰动项存在一阶自相关，但显著拒绝了二阶自相关的假设，说明序列间不存在相关性。Sargan 检验结果表明，不存在过度识别的原假设通过了显著性检验，表明工具变量有一定的有效性，不存在过度识别问题。

表 4 基准估计结果

解释变量	（Ⅰ）	（Ⅱ）	（Ⅲ）	（Ⅳ）	（Ⅴ）
$GVCD_{it-1}$	0.9677*** （56.04）	0.9764*** （51.88）	1.0882*** （22.94）	1.0683*** （22.82）	1.0325*** （27.75）
dig_{it}	7.8892*** （3.11）	7.7798** （2.21）	19.0684** （2.48）	19.7904** （2.00）	16.7426** （2.53）
lnex		0.0249** （2.53）	0.1510*** （4.34）	0.14487*** （4.52）	0.1169*** （5.77）
freedom			0.0230*** （5.50）	0.0219*** （5.54）	0.0172*** （6.59）
K_P				0.1553 （1.18）	0.1624* （1.90）
FDI					-0.6139 （-1.46）
cons	0.0140** （2.02）	0.0185*** （2.70）	0.0228 （0.95）	0.0243 （0.97）	0.0175 （0.97）
OBS	147	147	147	147	147
NI	12	13	14	15	20
GMM-type	L(2/2).GVCD	L(2/2).GVCD	L(2/2).GVCD	L(2/2).GVCD	L(2/3).GVCD
AR(1)	0.0587	0.0613	0.0447	0.0472	0.0500
AR(2)	0.8315	0.8497	0.7771	0.8598	0.9970
Sargan	0.1781	0.1113	0.1465	0.1432	0.3403

注：***、**、*分别表示统计值在1%、5%和10%的显著性水平上显著；括号内的为Z统计值；OBS为有效样本量；NI为全部使用的工具变量（矩条件）个数；L(a/b).Y表示工具变量中包含Y的a至b阶滞后；AR test检验的零假设为残差不存在自相关；Sargan检验的原假设为工具变量与残差无相关性，即模型不存在过度识别。以下各表同。

表4的回归结果中，第（Ⅰ）列是仅将滞后一期的被解释变量和数字化投入占比表征的数字经济水平作为解释变量进行回归，第（Ⅱ）~（Ⅴ）列是依次加入其他控制变量得到的估计结果。结果显示，作为被解释变量滞后一期的GVCD指数，各列的回归系数都为正，且通过了1%的显著性水平检验，这表明一国纺织服装产业在全球价值链上分工位置的确存在惯性影响。数字化投入占比表征的数字经济水平，各列的回归系数同样为正，且至少在5%的显著性水平下对GVCD指数有积极影响，表明数字化投入促进一国纺织服装业向全球价值链高附加值环节移动，这在一定程度上验证了假设1，具体分工位置为向研发设计等全球价值链上游环节转移。

控制变量层面，出口规模（lnex）、资本深化程度（K_P）以及经济自由度（freedom）变量估计系数显著为正，与预期结果相符；外商直接投资（FDI）变量系数虽然为负，但在模型（Ⅴ）中并不显著，可能是受 2008 年后金融危机的影响，发达国家通过实施“再工业化”战略，将制造业的研发设计等高附加值环节收归国内，使得 FDI 对纺织服装产业全球价值链分工位置的影响为负，即促进其向研发设计等价值链上游环节转移，但这种作用可能并不明显。

2. 传导机制的检验结果分析

根据上文的理论机制分析，数字经济发展可能会通过交易成本节约效应、技术创新激励效应等途径和机制影响纺织服装产业全球价值链分工位置。这里进一步检验两种中介效应是否存在，即验证假设 2 和假设 3。

表 5 报告了方程（4）、方程（5）、方程（6）的估计结果。表 5 的（Ⅰ）和（Ⅲ）是方程（3）、方程（4）的回归结果，结果表明数字化投入对一国交易成本的影响系数分别为 1.97 和 0.68，且在 1% 的置信水平上显著，表明数字化投入对交易成本降低及技术创新水平有显著的正向影响。但第（Ⅴ）列将所有控制变量与中介变量纳入分析，回归结果显示交易成本的回归系数 θ_2 在 1% 的置信水平下为负值，技术创新回归系数 θ_3 在 5% 的置信水平下显著为正，表明中介变量的间接效应显著，比较直接效应系数 θ_1 与中介变量的间接效应的符号，发现交易成本间接效应 $\beta_1\theta_2$ 与 θ_1 符号相反，表明数字经济的发展并未通过交易成本节约效应促进一国纺织服装产业向研发设计等上游环节转移。根据前文理论机制，交易成本的节约会促进其在全球价值链分工中的位置向需求端靠拢，实证分析表明交易成本在数字经济与纺织服装业上游度之间的影响机制为遮掩效应，印证了假设 2，本文测算出其遮掩作用为 0.0295，遮掩作用相对较弱，但控制交易成本变量，会使得数字经济对一国纺织服装产业上游度的影响进一步放大；同时，技术创新的间接效应 $\omega_1\theta_3$ 与 θ_1 符号相同，表明技术创新的中介效应属于部分中介效应，且其中介效应作用为 0.7952，说明技术创新是数字经济影响纺织服装业 GVC 分工地位的重要路径，在一定程度上印证了假设 3。

表 5　交易成本及技术创新传导机制的检验结果

	（Ⅰ）	（Ⅱ）	（Ⅲ）	（Ⅳ）	（Ⅴ）
中介效应	交易成本效应		技术创新效应		直接效应
被解释变量	INT 第二步	GVCD 第三步	RD 第二步	GVCD 第三步	GVCD 第三步
被解释变量滞后一期	0.8429 *** (57.12)	1.0270 *** (29.20)	0.6888 *** (16.32)	0.9981 *** (28.15)	0.9361 *** (24.09)
INT		−0.2117 * (−1.91)			−0.2372 * (−1.77)

续表

	（Ⅰ）	（Ⅱ）	（Ⅲ）	（Ⅳ）	（Ⅴ）
中介效应	交易成本效应		技术创新效应		直接效应
被解释变量	INT 第二步	GVCD 第三步	RD 第二步	GVCD 第三步	GVCD 第三步
RD				11.7964 ** (2.15)	19.6326 *** (3.16)
Dig	1.9680 *** (5.59)	19.4453 *** (3.31)	0.6782 *** (9.01)	13.7998 ** (2.10)	15.8044 ** (2.00)
lnex	−0.0131 *** (−4.60)	0.9508 *** (6.29)	−0.0021 *** (−5.13)	0.1244 *** (5.98)	0.1298 *** (7.89)
freedom	0.0002 (0.29)	0.0186 *** (8.15)	−0.0002 *** (−4.18)	0.0131 *** (3.40)	0.0144 *** (3.50)
FDI	0.0316 (0.26)	−0.4554 (−1.03)	−0.0084 (−1.03)	−0.4421 (−1.33)	−0.4842 (−1.34)
K_P	−0.0012 (−0.17)	0.1659 ** (1.99)	0.0054 *** (10.66)	0.0183 (0.16)	0.0102 (0.08)
Cons	0.0219 *** (10.77)	0.0309 * (1.91)	0.0009 (1.58)	−0.0053 (−0.25)	0.0212 (1.80)
中介效应	0.0295 $\vert\beta_1\theta_2/\theta_1\vert$		0.7952 $\omega_1\theta_3/\gamma_1$		
NI	20	21	20	21	25
GMM − type	L(2/3).INT	L(2/3).GVCD	L(2/3).RD	L(2/3).GVCD	L(2/4).GVCD
AR(1)	0.0055	0.0525	0.0557	0.0605	0.0885
AR(2)	0.5755	0.9697	0.3742	0.9326	0.8951
Sargan	0.1393	0.5583	0.4218	0.3722	0.8838

为使结果更准确，本文考虑了仅将交易成本作为中介变量与仅将技术创新作为中介变量的情况，计量结果分别如表 5 的（Ⅱ）和（Ⅳ）列所示，第（Ⅱ）列结果显示仅考虑交易成本这一影响路径，其直接效应系数 θ_1 大于第（Ⅴ）列所示直接效应数值，表明仍然有其他形式的中介变量没有考虑到，且交易成本作用仍为遮掩效应；第（Ⅳ）列表示仅考虑技术创新的中介效应，其直接效应系数小于第（Ⅴ）列所示，说明技术创新起到部分中介效应的作用，因为考虑到交易成本的遮掩作用，交易成本的存在会遮掩一部分数字经济对纺织服装业上游度的影响，故导致在考虑双重中介作用的机制下，其直接效应系数大于仅考虑单一中介变量时的系数。

3. 稳健性检验

由于全球生产一体化进程的发展，来自世界的数字化投入水平同样会对纺织服装业的全球价值链地位产生一定影响，为提高研究结论的可靠性与稳定性，本文采用世界数字化投入占比替代前文国内数字化投入占比来进行稳健性检验。

表6的稳健性检验结果与国内数字化投入占比作为数字经济衡量指标时结果基本一致，交易成本的遮掩作用与技术创新的中介效用数值以及符号均未发生明显变化，说明研究结论具有一定的稳健性与可靠性，也进一步说明在交易成本节约与技术创新激励作用下，数字经济会促进一国纺织服装产业向全球价值链上游环节转移，提升其在供应端的地位。通过交易成本节约效应，生产厂商可以直面消费者终端市场，对于服装零售业来说，更多的增值会出现在消费者与厂商的互动过程中，厂商了解消费者偏好，能设计出符合消费者审美的衣物，给顾客更好的体验。根据技术创新激励效应，研发投入的增加会促使一国纺织服装产业向全球价值链的生产端移动，专注于产品的研发设计等高附加值环节。虽然交易成本存在遮掩效应，即会促进一国纺织服装产业全球价值链分工位置向终端消费者市场靠近，但从经济意义上来讲，也是促进其向具有高附加值的环节转移。

表6　使用数字化投入的替代性指标的稳健性检验

	(Ⅰ)	(Ⅱ)	(Ⅲ)	(Ⅳ)	(Ⅴ)	(Ⅵ)
中介效应			交易成本效应		技术创新效应	
被解释变量	GVCD	INT	GVCD	RD	GVCD	GVCD
被解释变量滞后一期	1.0489*** (34.58)	0.8474*** (68.77)	1.0692*** (30.29)	0.6462*** (21.32)	0.9811*** (33.78)	1.0003*** (24.34)
INT			-0.4696*** (-2.86)			-0.5634*** (-3.33)
RD					14.0033*** (2.94)	14.6331** (2.03)
digw	13.5004** (2.30)	1.6829* (1.93)	15.2785** (2.08)	0.5834*** (12.26)	11.5880* (1.86)	12.0837* (1.66)
lnex	0.1332*** (6.31)	-0.0129*** (-5.79)	0.1136*** (4.21)	-0.0020*** (-5.92)	0.1321*** (6.59)	0.0958*** (3.59)
freedom	0.1961*** (7.45)	0.0001 (0.23)	0.0273*** (6.81)	-0.0002*** (-8.03)	0.0148*** (3.64)	0.0235*** (4.11)
FDI	-0.7122* (-1.70)	0.473 (0.47)	-0.5910 (-1.09)	-0.0039 (-0.57)	-0.4675 (-1.49)	-0.3578 (-0.69)

续表

	(Ⅰ)	(Ⅱ)	(Ⅲ)	(Ⅳ)	(Ⅴ)	(Ⅵ)
中介效应			交易成本效应		技术创新效应	
被解释变量	GVCD	INT	GVCD	RD	GVCD	GVCD
K_P	0.1419** (2.29)	0.0022 (0.37)	0.2060** (2.10)	0.0078*** (36.41)	-0.0148 (-0.14)	0.0338 (0.21)
cons	0.0052 (0.30)	0.0225*** (9.04)	0.0358** (2.06)	0.0007* (1.65)	-0.0143 (-0.70)	0.0214 (1.14)
中介效应作用		0.0785 $\mid \beta_1\theta_2/\theta_1 \mid$		0.6323 $\omega_1\theta_3/\gamma_1$		
NI	20	23	17	23	21	18
GMM-type	L(2/3).GVCD	L(2/4).INT	L(2/2).GVCD	L(2/4).RD	L(2/3).GVCD	L(2/2).GVCD
AR(1)	0.0485	0.0059	0.0527	0.0777	0.0656	0.0707
AR(2)	0.9604	0.6391	0.8225	0.3548	0.9364	0.8993
Sargan	0.4134	0.2621	0.3816	0.5974	0.4337	0.3571

六、结论与政策启示

数字经济是影响一国产业全球价值链分工位置的关键因素，对纺织服装产业影响尤为明显，传统产业的数字化转型已成为各国政府逐渐重视的问题。本文重点关注纺织服装产业，理论分析上，建立数字经济影响一国纺织服装产业全球价值链分工位置的影响机制，并检验交易成本与技术创新的中介效应。实证研究上，选取WIOT提供的21个国家2008~2014年跨国面板数据进行计量检验。实证结果表明：数字经济的发展有助于促进一国纺织服装产业向全球价值链高附加值环节转移，具体转移位置是在纺织服装产业全区价值链上游，即提升其在供应端的地位；交易成本对数字经济与一国纺织服装产业全球价值链分工位置之间的影响机制是遮掩效应，即交易成本的降低会抑制一国纺织服装产业在全球价值链中的分工向上游研发设计等环节转移，控制交易成本的中介变量，会加大数字经济对一国纺织服装产业上游度的正向影响，但从经济角度讲，交易成本的降低仍会促使一国纺织服装产业在全球价值链需求端地位的提升；数字经济通过技术创新的中介效应促进一国纺织服装产业全球价值链分工位置向上游研发设计环节转移，具有显著的中介效应。

综合以上结论，为更好研究中国及其他发展中国家提升其纺织服装产业全球价值链地位，实现传统产业的数字化转型，弥合数字经济鸿沟，追赶与发达国家距离，本文提出以下建议：

（1）各国尤其是发展中国家应重视数字经济发展战略的实施，促进数字经济在纺织服装行业中的应用，发展柔性化、数字化纺织设备，使数字技术深入渗透到纺织服装业 GVC 各个生产环节，同时也应鼓励大数据、云平台等数字工具的使用，推动制造模式与商业模式的转变，利用数字经济提升传统的产业在全球价值链中的分工地位；

（2）增加数字化投入有效降低了交易成本，影响到消费者与零售商以及彼此之间的互动关系，采购者应把握面向终端消费者市场的机会，了解消费者需求，将信息及时反馈给上游设计部门，减少信息交流过程中的“牛尾效应”，降低产品设计风险，从而牢牢占据营销服务的高端位置，促进在全球价值链需求端地位的提升；

（3）集中于纺织服装产业供应端的发展中国家供给能力弱，应把握发展机遇，利用数字经济的发展做纺织服装产业全球价值链的整合者和主导者，提升自身的技术创新能力，增强供应端在整个产业全球价值链中的影响力。

参考文献

[1] 戴魁早：《技术市场发展对出口技术复杂度的影响及其作用机制》，载《中国工业经济》2018 年第 7 期。

[2] 何甜甜：《移动电子商务下的技术创新、人力资本发展与经济增长》，载《商业经济研究》2015 年第 36 期。

[3] 黄永明、何伟、聂鸣：《全球价值链视角下中国纺织服装企业的升级路径选择》，载《中国工业经济》2006 年第 5 期。

[4] 刘向东、刘雨诗、陈成漳：《数字经济时代连锁零售商的空间扩张与竞争机制创新》，载《中国工业经济》2019 年第 5 期。

[5] 李晓钟、胡珊：《中国纺织产业在全球价值链的地位及升级研究》，载《国际经济合作》2018 年第 3 期。

[6] 李晓钟、黄蓉：《工业 4.0 背景下我国纺织产业竞争力提货所能研究——基于纺织产业与电子信息产业融合视角》，载《中国软科学》2018 年第 2 期。

[7] 马风涛：《中国制造业全球价值链长度和上游度的测算及其影响因素分析——基于世界投入产出表的研究》，载《世界经济研究》2015 年第 8 期。

[8] 宁俊：《服装产业链理论分析》，载《纺织学报》2008 年第 7 期。

[9] 孙浦阳、张靖佳、姜小雨：《电子商务、搜寻成本与消费价格变化》，载《经济研究》2017 年第 7 期。

[10] 谭力文、马海燕、刘林青：《服装产业国际竞争力——基于全球价值链的深层透视》，载《中国工业经济》2008 年第 10 期。

[11] 魏浩、巫俊：《知识产权保护、进口贸易与创新型领军企业创新》，载《金融研究》2018 年第 9 期。

[12] 汪思齐、王恕立：《制造业双向 FDI 生产率效应的行业差异及人力资本门槛估计》，

载《经济评论》2017 年第 2 期。

[13] 温忠麟、张雷、侯杰泰:《中介效应检验程序及其应用》，载《心理学报》2004 年第 5 期。

[14] 温忠麟、叶宝娟:《中介效应分析：方法和模型发展》，载《心理科学进展》2014 年第 5 期。

[15] 王飞、郭孟珂:《我国纺织服装业在全球价值链中的地位》，载《国际贸易问题》2014 年第 12 期。

[16] 王振、惠志斌、王滢波、赵付春:《2017 年全球数字经济发展报告——基于国家竞争力的评价分析》，北京社会科学文献出版社 2017 年版。

[17] 夏炎、王会娟、张凤、郭剑锋:《数字经济对中国经济增长和非农就业影响研究——基于投入占用产出模型》，载《中国科学院院刊》2018 年第 7 期。

[18] 卓越、张珉:《全球价值链中的收益分配与“悲惨增长”——基于中国纺织服装业的分析》，载《中国工业经济》2008 年第 7 期。

[19] 张五常:《交易费用的范式》，载《社会科学战线》1999 年第 1 期。

[20] 张纪:《产品内国际分工的内在动因——理论模型与基于中国省际面板数据的实证研究》，载《数量经济技术经济研究》2007 年第 12 期。

[21] 中国信息通信研究院（CAICT）:《G20 国家数字经济发展研究报告（2018）》，中国信通院“ICT 深度观察大型报告会暨白皮书发布会”研究报告。

[22] 张雪玲、焦月霞:《中国数字经济发展指数及其应用初探》，载《浙江社会科学》2017 年第 4 期。

[23] 赵西三:《数字经济驱动中国制造转型升级研究》，载《中州学刊》2017 年第 12 期。

[24] Abeliansky, A. L. and Hilbert, M., 2017: Digital Technology and International Trade: Is it the Quantity of Subscriptions or the Quality of Data Speed that Matters, *Telecommunications Policy*, Vol. 41, No. 1.

[25] Antràs, P., Chor, D., Fally, T., and Hillberry, R., 2012: Measuring the Upstreamness of Production and Trade Flows, *NBER Working Paper Series*, No. 17819.

[26] Appelbaum, R. and Gereffi, G., 1994: Power and Profits in the Apparel Commodity Chain, *Global Production: The Apparel Industry in the Pacific Rim*, Temple University Press.

[27] Azmeh, S. and Nadvi, K., 2014: Asian firms and the restructuring of global value chains, *International Business Review*, Vol. 23.

[28] Bremen, P., Oehmen, J., Alard, R., and Schonsleben P., 2010: Transaction Costs in Global Supply Chains of Manufacturing Companies, *Journal of Systemics, Cybernetics and Informatics*, Vol. 8, No. 1.

[29] Barefoot, K., Curtis, D., Jolliff, W., Nicholson, J. R., and Omohundro, R., 2018: Defining and Measuring the Digital Economy, *BEA Working Paper*.

[30] Cohen, S. S., DeLong, J. B., and Zysman, J., 2000: Tools for Thought: What is New and Important about the “E - conomy”? *BRIE Working Paper*.

[31] Daly, L. and Bruce, M., 2002: The Use of E - commerce in the Textile and Apparel Supply Chain, *Journal of Textile and Apparel, Technology and Management*, Vol. 2, No. 2.

[32] Diakantoni, A., Escaith, H., Roberts, M., and Verbeet, T., 2017: Accumulating Trade Costs and Competitiveness in Global Value Chains, *WTO Working Paper ERSD – 2017 – 02*.

[33] Gereffi, G., 1999: International Trade and Industrial Upgrading in the Apparel Commodity Chain, *Journal of International Economics*, Vol. 48, No. 1.

[34] Gestrin, M. V. and Julia, S., 2018: The Digital Economy, Multinational Enterprises and International investment policy, *OECD*, *Paris*.

[35] Gereffi, G. and Memedovic, O., 2003: The Global Apparel Value Chain: What Prospects for Upgrading by Developing Countries? *UNIDO*, *Vienna*.

[36] Gereffi, G., Humphrey, J., and Sturgeon, T., 2005: The Governance of Global Value Chains, *Review of International Political Economy*, Vol. 12, No. 1.

[37] Hummels, D., Ishii, J., and Yi, K. M., 2001: The Nature and Growth of Vertical Specialization in World Trade, *Journal of International Economics*, Vol. 54.

[38] Koopman, R., Power, W., Wang, Z., and Wei, S., 2010: Give Credit to Where Credit is Due: Tracing Value Added in Global Production Chains, *NBER Working Papers*, No. 16426.

[39] Li, F., Frederick, S., and Gereffi, G., 2019: E – Commerce and Industrial Upgrading in the Chinese Apparel Value Chain, *Journal of Contemporary Asia*, Vol. 49, No. 1.

[40] Lu, S., 2014: The 21st Century Digital Economy and the Fashion Industry: A Macroview, *University of Rhode Island*.

[41] Lohrke, F. T., Franklin, G. M. C., and Frownfelter – Lohrke, C., 2006: The internet as an information conduit: A transaction cost analysis model of US SME internet use, *International Small Business Journal*, Vol. 24, No. 2.

[42] Nielsen, N. V., 2014: E – Commerce: Evolution or Revolution in the Fast – Moving Consumer Goods World? 2014 The Nielsen Company.

[43] Novakovic, N., Kasikovic, N., and Vladic, G., 2010: Integrating Internet Application in to The Workflow for Costumisation of Textile Products, *International Joint Conference on Environmental and Light Industry Technologies*.

[44] Roberts, M. J. and Tybout, J. R., 1997: The Decision to Export in Colombia: An Empirical Model of Entry with Sunk Costs, *American Economic Review*, Vol. 87, No. 4.

[45] Sabrina, P. N., Maspupah, A., and Umbara, F. R., 2019: E – Supply Chain Management Model for Garment & Textile, *Materials Science and Engineering*, Vol. 662, No. 7.

[46] Tokatli, N., 2008: Global sourcing: insights from the global clothing industry-the case of Zara, a fast fashion retailer, *Journal of Economic Geography*, Vol. 8, No. 1.

[47] WTO, IDE – JETRO, OECD, UIBE, World Bank Group., 2019: Global value development report 2019 – Technological Innovation, Supply Chain Trade, and Workers in a Globalized World.

[48] Wu, X. and Gereffi, G., 2018: Amazon and Alibaba: Internet governance, business models and internationalization strategies, *International Business in the Information and Digital Age*, Vol. 13.

[49] Zi, Y., 2016: Trade Costs, Global Value Chains and Economic Development, *Ctei Working Papers*.

[50] Zhang, L. and Chen, S., 2019: China's Digital Economy: Opportunities and Risks, *IMF Working Paper*.

[51] Zhao, J., 2010: The Competitiveness of Chinese Textile and Apparel Industry in Global Value Chain, *IEEE*.

Research on the Influence of Digital Economy on the Division of Labor in Textile and Apparel Industry Global Value Chain

Lina Yu Xiaojing Sui

Abstract: Since 1990s, the rapid development of digital economy has become a significant driving force for the transformation of the world's mode of production, and the digital transformation of traditional industries is also the focus of governments in the future. Based on the panel data of 21 countries in the world from 2008 to 2014, this paper takes the textile and apparel industry as research object to explore the influence and mechanism of digital economy development on the division of labor in global value chain of this industry. Meanwhile, it also examines the double mediating effect of the transaction cost and technological innovation on the labor of global value chain of textile and apparel industry affected by digital economy. The results show that: (1) The digital economy has a positive impact on the division of labor in textile and apparel industry global value chain, and its moving direction is the upstream links such as research and design; (2) As an important channel through which the digital economy affects the division of labor in the global value chain of the textile and apparel industry, technological innovation plays a mediating effect; (3) Transaction cost has a suppressing effect, in addition, it masks the impact of the digital economy on the division of labor in the global value chain of the textile and apparel industry.

Key Words: Digital Economy Global Value Chains Textile and Apparel Industry Upstream index Mediating Effect

JEL Classification: L16 L67

第 20 卷第 1 辑　　产业经济评论　　Vol. 20　No. 1
2021 年 3 月　　Review of Industrial Economics　　March 2021

区块链技术，企业策略性合谋行为与反垄断政策

——基于智能合约的理论研究

曾世宏　高　晨*

摘　要：区块链作为新兴的数字化技术或将对企业策略性合谋行为产生重要影响，需要深入研究其对新型垄断形成的内在机理。本文基于传统产业组织理论中关于市场阻碍进入和默契合谋的基本原理与模型框架，引入区块链技术进一步分析智能合约影响企业策略性合谋行为的内在机理，重点探讨公共区块链和私有区块链影响企业策略性合谋行为的途径和经济后果。研究发现：公共区块链有利于增强企业进入市场，但当在位企业成功运用私有区块链或是联盟链时，势必通过链上的特有权限把控传统产业的市场竞争策略行为，通过更改底层权限阻碍进入和隐秘合谋保持价格竞争优势，持续获取垄断利润。该研究结论，对于数字技术条件下的垄断监管及反垄断政策的完善具有重要的启示意义。

关键词：区块链技术　智能合约　策略性合谋行为　反垄断政策

一、引　　言

企业策略性行为的概念，最早来自于 Schelling（1969）在其经典著作《战略冲突》中的描述，他认为企业策略性行为是指一个厂家旨在通过影响竞争对手对该厂商行动的预期，使竞争对手在预期的基础上做出对该厂商有利的决策行为。一个企业的策略性行为对竞争对手预期的影响，实质上是通过影响它们共同的市场竞争环境所实现的。这些市场竞争环境包括市场中现有的和潜在的竞争对手数量，行业的生产技术和竞争对手进入该行业的成本和速度，市场的需求偏好等。也即市场竞争环境不再是外生给定的，企业可以通过策略性行为改变市场竞争环境，而市场竞争环境是竞争对手决策时必

* 本文受国家社科基金重大项目“新旧动能转换机制设计及路径选择研究”（18ZDA077）、湖南省社科基金智库专项重点项目“湖南区块链技术创新与产业发展研究”（19ZWB34）资助。
曾世宏：湖南科技大学湖南创新发展研究院；地址：湖南省湘潭市雨湖区桃园路，邮编 411201；Email：sdzshh@163.com。
高晨：湖南科技大学商学院；地址：湖南省湘潭市雨湖区桃园路，邮编 411201；Email：gc25625@163.com。

须考虑的重要因素，在位企业通过操纵市场竞争环境影响竞争对手的预期，为自己在市场竞争中立于不败之地、获取创新决策带来的超额利润创造条件（干春晖，2004）。

数字经济条件下区块链技术的运用可能对企业策略性行为和新型垄断形成产生影响。如，平台经营者可以签订智能合约或者垄断协议来达成排除和限制竞争的协议、决定或者其他协同行为来阻碍市场进入。且区块链技术的分散共识使企业建立起的私有策略性联盟具有一定的隐蔽性。若由此形成垄断，势必会破坏行业秩序，扰乱市场竞争环境。因此，企业在运用区块链技术进行生产经营决策时可能会产生反托拉斯的规制问题。根据企业策略性行为的概念，古诺竞争或伯川德竞争市场中企业的产量决策、价格决策、产品差异化投资决策等决策行为都可以称为企业的策略性行为。而区块链技术可以使得决策信息在企业间高度对称，而在企业外具有一定的隐秘性。区块链技术的不恰当使用，可以助推企业间的合谋形成，进而形成市场势力，阻碍公平竞争，损害消费者福利。预防和制止平台经济领域新型垄断行为，对于保护市场公平竞争环境，完善数字经济条件下反垄断监管具有重要实践意义。区块链技术作为一种底层的数字技术，为何能够助推新型数字垄断的形成，目前学者们还缺乏深刻的认识和规范的学术研究。因此，研究数字经济条件下区块链技术的运用如何有利于改变企业策略性合谋行为，进而形成新型数字垄断，对数字经济条件下完善反垄断政策具有重要的理论意义，也有利于完善产业组织企业策略性合谋行为和反垄断的理论研究。

纵观已有文献，已有国内区块链的研究大都侧重于技术介绍或者应用场景研究。目前大部分文献是关于区块链和区块链技术的知识介绍，其余的文献基本是有关区块链的应用场景研究，主题涉及到数字货币、金融科技、物联网、智能合约、供应链金融、比特币及大数据等。国外的相关研究大都是探讨生成和维护分散共识的区块链机制以及区块链功能对于现实世界的影响。区块链技术对实体经济的影响方面，Catalini and Gans（2016）认为，区块链的分布式分类账上的分录可以表示货币、数字内容、知识产权、权益、信息、合同、金融和实物资产的所有权，而区块链技术的追踪交易属性、结算交易和在各种数字资产上执行合同的能力，使其成为一种通用技术。Crosby et al.（2016）认为，区块链技术将成为解决当前金融和非金融行业问题的一项非常有吸引力的技术。Catalini and Gans（2016）探讨区块链技术如何在数字平台上塑造创新和竞争，并研究了受技术影响的验证成本和联网成本两个关键成本，其中区块链技术在初创公司争夺市场上有利于降低网络成本，并为初创公司解决融资问题，在跨地域交易中区块链的共识机制大大降低了中介验证成本。Yermack（2017）认为，区块链技术提供了一种跟踪金融资产所有权的方法，并可能会改变经理、股东、放贷机构、监管机构和在公司治理领域互动的第三方专家的相对权力。Raskin and Yermack（2018）

认为，区块链技术有可能对银行体系产生深远影响，并迫使各国政府和央行加快主权数字货币的创新。在被认为是“第二代区块链技术”的智能合约的运用上，Holden and Malani（2019）强调了传统合约中有关延迟的问题，智能合约有利于解决当前合约中的相关问题，降低相关合约风险并节约成本。Iansiti and Lakhani（2017）认为，合同嵌入到数字代码并存储在透明的共享数据库中，合同不会被删除、篡改和修改，每一份协议、每一个流程、每一项任务和每一次付款都会有一个数字记录和签名，这些记录和签名可以被识别、验证、存储和共享。区块链在企业间策略性合谋行为方面的研究，马金仪（2020）指出区块链要求具有全网 51% 算力才有可能修改数据或者突破区块链所设定的固有规则，一方面阻止了他人随意篡改链上的数据；另一方面也引导了算力联盟的产生，从而导致垄断合谋出现。如，2018 年 12 月，一家多元化的技术公司 UnitedCorp 起诉了最大的比特币矿池 Bitmain 和其他一些备受关注的利益相关者，这是首个针对区块链反垄断的相关诉讼纠纷。该案正是建立在区块链中存在的算力联盟竞争现象，进而探讨是否应当落入反垄断法规制的领域。Cong and He（2019）在关注账本透明度如何导致系统用户之间更大范围的合谋时，论证了区块链技术提供分散共识，并可能通过智能合约扩大合约空间，智能合约可以通过增强进入和竞争来缓解信息不对称，改善福利和消费者剩余，但在达成共识的过程中不正当分发信息可能会鼓励更大的合谋。而 Abadi and Brunnermeier（2018）认为在许可区块链上，考虑了区块链的记录管理员之间的合谋，表明当记录管理员的输入相互勾结时，就可能发生合谋。

本文借鉴 Cong and He（2019）的模型，在结合区块链基础特征的基础上，通过理论研究更加细致地分析了信息隐秘造成合谋的内在原因，并深入分析基于以区块链为底层技术的智能合约来研究企业策略性合谋行为的影响。这对我国现阶段大力提倡发展区块链产业，与此同时防止新型数字垄断的形成具有十分重要的理论和现实意义。本文的结论是，在理论上，企业运用分散共识的智能合约技术，可能会触发企业的策略性合谋行为，造成特定行业内企业间形成联盟链新型数字垄断。本文对产业组织理论研究的边际贡献主要有以下三个方面：一是阐释了区块链技术、智能合约和企业策略性合谋行为的内在逻辑，丰富了数字经济条件下产业组织理论的相关文献研究；二是通过理论研究解释了公有链和私有联盟链对企业策略性合谋行为的影响机理，明确提出了私有联盟链有助于企业间的策略性合谋行为形成；三是依据本文的理论研究结论明确提出了区块链技术条件下反新型数字垄断的政策建议。

目前学术界和产业界对区块链发展与应用的认识，虽然从理论上提出了很多现实社会问题相应的区块链应用解决方案，但对其破坏性应用产生的新型数字垄断及其社会后果还需进一步研究。因此，本文仅就区块链技术的破坏性运用对企业策略性合谋行为、新型数字垄断产生的可能影响及其应对策略进行分析探讨，对已经发生的数字平台滥用市场势力的垄断行为尚不讨论。余下部分结构安排为：第二部分主要对基于区块链技术的智能合约如何影响企业策略性合谋行为进行基本的理论分析；第三部分主要提供产业组织理论中默契合谋形成的基本原理以及解释企业策略性合谋行为的基本模型分析框架；第四部分主要运用该模型框架进一步分析公有和私有区块链对企业策略性合谋行为的影响；第五部分为主要结论和相关完善对新型合谋的反垄断政策启示。

二、基本理论分析

（一）区块链运行的技术双重属性

区块链技术本质上有利于信息管理透明和去中心化。区块链由一串使用密码学算法产生的区块连接而成，每一个区块上写满了交易记录，区块按顺序相连形成链状结构。区块链上每一笔交易数据都具有时间标志，每个区块依次顺序相连，任何人无法篡改区块中的数据。这就意味着时间戳在区块链中扮演公证人的角色，而且比传统的公正制度更为可信。因为区块链作为一种去中心化的分布式账本数据库，没有中心，数据存储的每个节点都会同步复制整个账本，最大限度地做到信息透明且难以篡改。

区块链作为信息底层技术的突破对于在互联网时代凸显的中心化问题，给予了很好的解决方法。区块链技术创立的初衷是解决现实世界上的商业机构、金融机构存在的数据不透明、中心化、不民主和腐败等问题。但就区块链的技术特征来看，这些问题都是技术的出发点。区块链的技术发展理念从本质上看，与传统企业或组织治理理念不同。但如果仅依靠区块链技术驱动，其演化出的结果是有利于社会还是有害于社会的治理，需要深入思考和研究。马金仪（2020）在区块链的算法上讨论了其中的反垄断风险。但就本文来说，区块链在信息的分散共识上，对于市场竞争策略的影响还需结合具体的应用场景探究。

区块链底层设计上，有 51% 的安全算力假设，即诚实节点控制算力的总和，大于有合作关系的攻击者算力的总和，该系统就是安全的。换句话说，当系统中有合作关系的恶意节点所控制的算力，超过诚实节点所控制的算力，系统就是有被攻击的风险。这种由恶意节点控制超过 50% 算力所发起的攻击，称为 51% 算力攻击。但仅有基于 PoW（工作量证明）共识机制的加密货币，才存在 51% 算力攻击，非 PoW 共识算法的加密货币则不存在 51% 算力攻击。在用户群庞大和分散的公共链上，全网 51% 的算力要求足以令区块链免受少数用户控制。但在追求利润和规模效应的双重驱动下，资金实力雄厚的垄断者或市场势力支配者将会倾向于集中算力以实现区块链上的算力垄断（马金仪，2020）。此时，区块链内部的算力垄断乃至背后的经营者垄断，能够操控区块链代币的价值波动。区块链上其他消费者或投资者，极可能会因为算力垄断而遭受侵害，这便说明了区块链技术存在合谋垄断风险。

（二）智能合约的运行机理

智能合约是建立在区块链技术基础上的一种数字合同。它的条款取决于分散的共识，这些共识是防篡改的，通常通过触发共识来自动执行。智能合约是一个预先设定好的程序代码，这种代码可以自动执行制定的合约中的条款。智能合约系统由事务处理机制、数据保存机制和状态机组成，其中状态机负责接受和处理智能合约，事务处理机制主要指一些需要发送的数据，数据保存机制指事务的保存和处理都需要在区块链上完成。当系统接收到事件和事务信息后，智能合约就会更新自身的资源状态，激活状态机对接收到的事件和事务进行判断。若经过判断后，事件和事务均满足状态机中某个动作的执行条件，那么状态机就会根据智能合约中的条款自动执行合约。

智能合约的运行机理主要在于智能合约能够对自动机的状态进行定期检查，检查的内容是每个智能合约中包含的状态机、事务和合约执行的触发条件。满足条件的事务会被推送到没有验证的队列中，等待下一次共识，而那些没有满足条件的事务则会被继续储存在区块链上。当事务进入新的一轮验证时，事务就会被扩散到区块链网络的每一个验证节点上。验证节点首先会对签名进行验证，从而保证事务的有效性。事务通过验证后就会进入等待共识的集合中，直到多数的验证节点都达成了共识，便意味着该智能合约就会被成功地执行，而这个结果也会同时被发送给用户。当事务被成功地执行之后，智能合约系统中的状态机就能判断智能合约的状态。当智能合约中的所有事务都被顺利地执行后，状态机就会将合约标记为“完成”，并且在最新的区块当中将该智能合约移除。其他被标为“进行中”的智能合约则继续被储存在最新的区块中，在队列中等待下一轮的处理。在智能合约系统中，所有的事务和状态的处理都是由智能合约自动完成的，并且这整个过程都是高度透明和不可篡改的。

（三）智能合约对企业策略性隐秘合谋行为的影响

区块链技术的应用对于企业策略性隐秘合谋行为形成的内在逻辑在于企业私有链或者联盟链对企业联盟外的市场主体是隐秘信息，因此联盟内企业很容易利用区块链技术签订智能合约进行合谋。如上文所述，智能合约是数字经济环境下的数字合同文本。但与传统合同文本不同，智能合约是区块链技术在合同文本领域的具体运用，不同环节的智能合约对企业策略性行为的影响机制显然是不同的。如，企业与消费者的智能合约是全网都可参与验证的，企业与消费者之间的交易信息是会被记录在区块链这一账本上，从而被“广播”以达成共识，其他厂商可以作为记录员参与其中，也可了解到交易信息①。

智能合约对于“事务验证”达成分散共识，以便将来自各方的信息聚合到区块链中，通过验证程序实现达成合约的条件，进而自动触发合约交易完成。与传统的交易合同相比，完全线上操作，既节省了交易成本，也使得交易被公平执行，确保交易的安全，提升了交易双方的信誉。虽然智能合约对降低合同交易成本较传统文本合约具有显著的比较优势，但智能合约也可以被用在行业内私有联盟链企业之间的隐秘交易。在私有区块链上由于写入权限掌握在某个组织手里，其具有高效、封闭的特点，即使允许竞争主体进入区块链，私有区块链的支配主体仍可以通过修改区块链的共识机制或更高层的智能合约，来实施掠夺性定价、拒绝交易等垄断手段，侵占交易机会，剥削竞争资源，逐步将其他竞争主体排挤出区块链所涉市场（马金仪，2020）。

三、企业策略性合谋行为形成的基本模型分析框架

在传统产业组织理论中，寡头和垄断竞争这两种市场结构，针对新进入的厂商往往存在进入壁垒，除一些政府管制、绝对成本优势、规模经济等结构性进入壁垒外，还有策略性进入壁垒即进入阻挠。即在位企业为保持在市场上的主导地位，获取垄断利润，利用自身的优势通过一系列有意识的策略性行为防止潜在进入者进入的壁垒。传统产业组织理论对企业默契合谋的分析是基于“想法一致”，并对偏离“合谋协议”进行惩罚来维持共识（Tirole，1988）。在分析方法上，其显著特征之一是运用动态博弈理论，将古诺和伯川德等人的寡占理论进行相当严谨的数理模型扩展分析。

传统产业组织理论默契合谋模型研究表明，假设企业间进行的静态博弈有唯一的纳什均衡，在有限期博弈情况下默契合谋不可能达成。在双寡头伯川德定价的无限期重复博弈中，只要企业的折现因子足够大，任何零到垄断利润之间的利润水平都可以在子博弈精炼均衡中实现，当市场中存在 n 个企业时，企业数量越少，可以维持合谋的折现因子集就越大。在古诺模型无限期重复博弈中，当企业使用软硬兼施的最优惩罚策略，而不是背离到纳什均衡的冷酷触发策略时，可以维持完全合谋的折现因子集要更大（贝拉弗雷姆、佩泽，2015）②。

---

① 感谢匿名审稿人对此提出的宝贵修改意见。

② 这些研究结论的详细数理推导可以参考保罗·贝拉弗雷姆和马丁·佩泽著：《产业组织：市场与策略》，格致出版社、上海三联出版社和上海人民出版社 2015 年出版。

本文基于传统产业组织理论关于市场阻止进入和默契合谋分析的基本原理和基本模型框架，首先讨论在传统竞争的假设前提下，在位厂商可以对新进入者实行策略性行为，并成功阻止潜在进入者进入市场，市场上保持在位者竞争均衡的情况，这客观上有利于在位者的隐秘合谋形成；然后在分散共识的智能合约存在的背景下，分别探究公共和私有或联盟区块链对于企业策略性行为的影响，并探讨在私有或联盟链上，如何增强企业的隐秘合谋。

（一）基本模型设定

假设一个风险中性的市场竞争环境，时间是无限的和离散的，并且用（$t=0, 1, 2, \cdots$）来表示，用 Π_t 来表示总的商业状况。假设有三个卖家，他们要么是生产正品的，要么是欺诈性的。欺诈性卖家不能交付货物，而真实的卖方总是能将货物交付给消费者。在 $t=0$ 时，两个卖家 A 和 B，生产正品且在市场上已经建立了良好的声誉。一个新进入的卖家 C，真实性与否市场并不知道，只有一个信息，即 C 是生产正品的卖家概率为 π，也可称为 C 的声誉。

在 $t\geqslant 0$ 的每个时期，产品质量 $q=(q_A, q_B, q_C)$ 是公开可见的，凸显了卖家之间的差异。产品质量不等，但即使买方选择现任卖方也会产生福利后果，由 $[\underline{q}, \bar{q}]$ 表示质量概况的最大和最小值。卖方生产货物成本为 μ，其中 $\mu<\underline{q}$ 反映了与真实卖方的交易可以改善社会福利。

假设卖家 C 要能够在这个市场上获得绝对正利润的情况下才能进入并生存下来，其中任意小的费用 $\epsilon>0$ 为卖家 C 进入市场时固定成本或是进入壁垒，并且将卖方真实性的信息不对称作为相关的进入壁垒，且在获得客户之前，进入者没有吸收损失的能力。

（二）基本模型分析

在 $t=0$ 时，假设市场处于竞争均衡，在位企业 A 和 B，生产正品且在市场上达到竞争均衡的状态，对即将进入市场的 C，假设现任的卖家 A 和卖家 B 为避免面临更激烈的未来竞争，会采取策略性合谋行为阻止 C 进入市场。

假设一个生产正品的卖家 C 进入。如果 $\pi q_C<\max\{q_A, q_B\}$，任何在位者都会竞相将价格降低到 μ，以此来吸引这一时期的客户。如果没有可信任的声誉，卖家 C 只有在 $\pi q_C\geqslant\max\{q_A, q_B\}$ 时才有机会吸引客户。基本上，只有当顾客感知新进入者的产品质量高于在位者的时，新进入者才能吸引顾客。然而，由于市场中的消费者是不知道厂商 C 的真实性，所以在竞争均衡中，生产正品的卖家 C 可以为客户服务的时间是 $\tau\equiv\min\{t\geqslant 0 \mid \pi q_{C,t}\Pi_t\geqslant\max\{q_{A,t}, q_{B,t}\}\}$ 或更长，因此若 $\pi\bar{q}<\underline{q}$，即卖家 C 会因承担不了损失而

从一开始就不进入市场。在下面将讨论 $\underline{q} > \pi \bar{q}$ 的情况，即进入者 C 的声誉足够低，以至于未进入市场。在这一阶段，任意时期 s 预期未来消费者盈余和社会福利分别为：

$$\Pi_{buyer} = E_s\left[\sum_{t=s+1}^{\infty} \delta^{t-s} II_t(\min\{q_{At}, q_{Bt}\} - \mu)\right] = \frac{\delta\lambda}{1-\delta}E[\min\{q_A, q_B\} - \mu] \tag{1}$$
①

$$\Pi_{total} = E_s\left[\sum_{t=s+1}^{\infty} \delta^{t-s} II_t(\max\{q_{At}, q_{Bt}\} - \mu)\right] = \frac{\delta\lambda}{1-\delta}E[\max\{q_A, q_B\} - \mu] \tag{2}$$

其中，$\delta \in (0, 1)$ 为区块链条件下智能合约中每个参与验证者的折现系数（以下同），λ 为在每个 $t \geqslant 0$ 时期有单位商品需求的买家出现的概率。

除了竞争均衡之外，在经济中可能存在合谋均衡。鉴于没有卖家 C 的进入，只需讨论在位者之间潜在的默契串通。具体地说，有两个阶段：

（1）合谋阶段：在这个阶段，A 收取价格 p_A 和 B 收取价格 p_B。A 和 B 分别吸引 $II_t f(p_A, p_B)$ 和 $f(p_B, p_A) = II_t[1 - f(p_A, p_B)]$ 部分买家。这里 $f(x, y) \in (0, 1)$ 是匿名分配函数，或是卖家设置配额。这种分配函数 f 包括卖方总是平均分配买方的情况，以及买方都向更好的卖方分配的情况，抑或者是两个企业的纳什均衡。

（2）惩罚阶段：因为只要一方降低价格就会占领整个市场份额，两个企业的唯一策略是降低价格，而价格是由成本决定的，博弈进入第二阶段：两厂商形成伯川德双寡头，博弈进入“价格战”。一旦触发，A 和 B 在一个固定的 T 期内参与了伯川德价格竞争，最后 A 和 B 价格相同且等于边际成本，利润为零时，达到博弈均衡。

在市场上仅有两个企业的竞争均衡分析中，由于本文侧重于研究区块链技术的存在对于社会福利和合谋的影响，因此过程本文在此不再具体赘述。通过对上述传统竞争的分析，发现在位厂商可以对新进入者实行策略性行为，并成功阻止潜在进入者进入市场，市场上保持在位者竞争均衡的情况，这客观上有利于在位者的隐秘合谋形成。由此假设，以下研究在合谋的惩罚阶段仅由企业改变价格而引发，以此来对比相应的社会福利影响。

当在位企业成功运用私有区块链或是联盟链，势必通过链上的特有权限把控传统产业的市场竞争环境，通过隐秘合谋保持价格竞争优势，持续获取垄断利润。基于此，下文主要以智能合约的相关理论为基础，进一步推导在公有链和私有链或是联盟区块链上影响企业策略性合谋行为的路径和效应。

① 公式(1) ~ 公式(4) 具体推导参见“Blockchain disruption and smart contracts”一文，具体出处见参考文献。

四、公有链和私有链对企业策略性合谋行为影响的进一步模型分析

智能合约通过验证程序，实现对事务完成状态的一致记录，进而使得交易达成。为了突出研究重点，本文仅研究完全一致的情形，即信息或交易都报告真实的情况，不会出现虚假报告，以避免反复的一致性检查。也就是说，区块链上的参与者（包括卖家和消费者）为达到产生有效的分散共识的效果，取决于：（1）自动执行的智能合约是否交付结果一致；（2）卖方是否遵守总体业务条件。基于此，区块链上的智能合约可以触发支付，以完成合约。区块链系统具有更丰富的信息，以达到使用者了解交易信息的情况。

随着经济和社会活动中越来越大的一部分被数字化，保持数据安全变得越来越困难，信息泄漏也越来越普遍。在公共区块链上，区块链技术可以通过允许市场参与者在不向第三方披露基础信息的情况下验证交易属性和执行合同来防止信息泄漏（Catalini and Gans，2016）。但在私有区块链或是联盟区块链上，由于私有区块链管理机构或发起人拥有许可其他主体访问区块链的权限，因此其所拥有的支配力可以从区块链延伸到链外。私有区块链的支配主体可以通过修改区块链的共识机制或更高层的智能合约，来实施掠夺性定价、拒绝交易等垄断手段，侵占交易机会，剥削竞争资源，逐步将其他竞争主体排挤出区块链所涉市场（马金仪，2020）。下面将基于分散共识的智能合约研究公有链和私有链或是联盟区块链上影响企业策略性合谋行为。

（一）公共区块链和市场增强型进入

在公共区块链的世界，假设卖家要进入市场，除结构性进入壁垒外，在其他交易条件一致的情况下，欺诈卖家没有产品用于交易或是产品质量成为消费者交易成功的必要因素，此时真实卖家与欺诈型卖家相区别的方法：使价格 $P=(p^s, p^f)$，而 p^s 和 p^f 是根据成功交易和失败收取的价格。生产正品的卖家 C 可以通过提供（p^s，0）来与欺诈的卖家分离。这种欺诈型的卖家不会从模仿中得到任何好处：因为无法成功交货，所以永远不会收到付款。因此，生产正品的卖家 C 肯定会进入市场，也即卖家 C 是生产正品的概率为 $\pi=1$，也可称为 C 的声誉足够高。

在区块链世界的竞争均衡中，公共区块链联系无限的参与者（包括卖家和消费者）作为记录员，以产生有效的分散共识，厂商在公共区块链下由于信息的高度透明，市场趋于完全竞争，真正的厂商 C 进入市场，并在 $\tau=\min\{t\geq 0 \mid q_{C,t}\Pi_t \geq \max\{q_{A,t}, q_{B,t}\}\}$ 或更早的时间段首先吸引客户。在区块链世界中的竞争均衡下，t = s 时的预期未来消费者剩余和总福利分别为：

$$\Pi_{buyer} = E_s\left[\sum_{t=s+1}^{\infty}\delta^{t-s}\Pi_t(q^{(2)} - \mu)\right] = \frac{\delta\lambda}{1-\delta}E[q^{(2)} - \mu] \tag{3}$$

$$\Pi_{total} = E_s\left[\sum_{t=s+1}^{\infty}\delta^{t-s}\Pi_t(q^{(1)} - \mu)\right] = \frac{\delta\lambda}{1-\delta}E[q^{(1)} - \mu] \tag{4}$$

与等式（1）和等式（2）相比，消费者剩余和社会福利的大大改善，利于进入的区块链技术以及由此强化的市场竞争，使得企业间竞争趋于完全竞争，从而使得经济变得更加有效。目前来说，区块链的公共链，尚需突破较多的技术难点，而随着技术与企业的融合发展，私有链或联盟链才是区块链未来发展的方向。

（二）私有区块链下的隐秘合谋

在完全集中的传统记录方法和完全分散的区块链之间，存在第三种类型的账本，称为“许可”区块链（Abadi and Brunnermeier，2018），被许可的区块链的记录保管员是已知的代理人，而不是匿名的矿工，所以没有必要进行工作证明（POW）。被许可的区块链似乎打破了三难困境（Abadi and Brunnermeier，2018），记录员进入许可的区块链大大削弱了竞争。

假设存在一个私有区块链，三家公司（现任的 A、B 和新进入的 C）都可以访问并进行信息共享。在区块链世界中，由于企业经营者的逐利性，企业间的信息共享，使得市场间的产量决策、产品差异化决策、企业发展策略等信息趋于一致。由于在公共区块链上竞争趋于完全竞争，企业经济利润渐进为零，为追求利润的最大化，同一行业的在位企业便可能在私有区块链上形成合谋。假设在区块链产业组织中，信息的共享使得在位厂商间在竞争均衡一段时间后开始参与行业的合谋。

假设在分散共识的智能合约存在的情况下，所有在位企业默契合谋。考虑与传统产业组织相同的合谋和惩罚阶段，以及分配规则 f，此时智能合约在私有链或是联盟链上，记录管理员之间或存在串通的情形。

（1）合谋阶段：每一个卖家 i 都会在成功的基础上继续收费 p_i。设（q_A，q_B，q_C）是卖家产品的质量，且卖家的产品品质不尽相同。

（2）惩罚阶段：如果某个卖家没有买家，并且在此期间有买家出现，由于在智能合约的分散共识机制，触发惩罚阶段。换言之，只有当一些卖家出现偏差时，才会触发惩罚阶段。一旦被触发，所有的卖家都会在 T 期内参与伯川德竞争。和传统产业组织中合谋不同的是，区块链使得交易在线上执行，因而有了区块链的完美隐秘监控，惩罚的目标变得更加准确。这也说明了由于私有链或联盟链的存在，使得企业间的合谋更容易长时间保持。

在区块链产业组织中，所有的参与者在进行验证时，是在链上发出服务请求，使得所有链上的参与者在同一时间都能接到服务请求，这使得卖方能够完美地监控一个合谋伙伴的偏离行为，这就实现了完美信息博弈，区块链的共识，使得在完美信息博弈中，博弈双方都知道正在进行的博弈树结构、双方收益、对方过去行动（干春晖、姚瑜琳，2005）。因此，合谋均衡变得容易维持。

不难证明，在区块链产业组织中，合谋也会使得社会总福利减少。经过若干次博弈后，可能维持一种均衡：即同行业的厂商相互勾结，以便在任何给定的时期内，质量参差不齐却以统一高价销售给买方，这降低了消费者剩余和社会总福利。所以，私有区块链使得同行业的合谋扩展了空间范围，使得跨区域的合谋成为可能，私链上的隐秘监控，使得合谋得以更加完美维持。

五、主要的结论与反垄断政策的启示

（一）主要的结论

区块链技术的内在特征以及智能合约的运行方式，使得该技术在解决现实存在的问题上发挥了重要作用。加速企业与区块链技术的融合，可以改善现实存在的信息不对称、合同延迟等问题，从而推动产业数字化进程。通过分析公共区块链对于传统产业组织理论的影响，使得市场竞争环境大大改善、市场信息更加透明、更接近完全竞争市场情况、增强新企业进入市场的动力、大大提高消费者剩余与社会福利。但在私有链或是联盟区块链上，由于底层设计的漏洞，行业间的合谋暴露了该技术在发展中存在的许多问题，同时合谋使得公共区块链上的市场竞争环境骤变，从而有损消费者剩余与社会总福利。采用理论假设的方法，能够在很大程度上为这些现象提供更加具体的解释，并且贴近于市场现实，从而为反垄断政策导向提供更加合理的理论依据。

（二）对反垄断的政策启示

反垄断政策是最早的产业组织政策，主要方法是干预市场结构和干预企业行为两方面。导致市场垄断的最主要因素是卖方集中度、产品差别化和进入障碍。因此，政府可以通过干预市场结构抑制垄断，主要包括：降低买方集中度、降低进入障碍、减少产品差别化程度。而干预市场行为包括：干预企业定价方式、干预企业非价格竞争的程度、反对压制竞争对手的行为等。但在新兴产业和数字技术融合后，新的商业模式也将实现，传统的反垄断和监管也应转至线上进行。就防止运用私有区块链可能造成的在位企业隐秘合谋而言，反新型合谋垄断的具体政策启示如下。

第一，拆分区块链。

企业合谋发生在私有链或是联盟区块链上，实际是可以存在多个卖家和买家都可以选择的区块链。这样对于区块链上的企业合谋便得到很好的遏制，买方可以选择价格最佳的区块链进行交易，但如此，便违背了区块链的理念。对于区块链技术，现在很多企业和组织，都只是想把这种技术结合现有的生产和服务模式来用。若从长远来看，单一区块链因参与人数或其他原因成为市场主导时，监管机构就必须介入管理，通过拆分区块链来达到防止合谋的目的。这种拆分的方法虽然有悖原理，但这种协调问题应是区块链生态系统的组成部分。

第二，设置监管节点。

现实中，监管机构为了更好地发现串通行为，一般都观察和收集市场信息，以此来判断市场是否存在合谋。同样，在区块链中添加监管节点，特别是对于不自动将监管机构纳入商业生态系统的私有许可链，可以帮助监管机构监控市场参与者的经济行为，减少隐性串通。由于区块链的技术优势，实时和防篡改的记录，监管机构得以较高效率的获得数据并及时检测。此外，调节节点数量（如在许可网络中）不会产生额外的成本（Gans and Gandal，2019）。

监管机构也可以参与区块链协议设计，政府可以保留对某些加密信息的访问，而这些信息是广播给区块链参与者或记录保管人的。这种访问不仅能够消除使用智能合约的合谋，还可以根据对交易和定价行为的统计分析来检测潜在合谋。在上文分析中，监管者可以通过监控买家是否在购买最高质量的商品来发现（因为价格制定相同时，质量是存在差异的），并因此阻止合谋。

第三，使用者与共识分离。

合谋产生的原因是信息的分发，从这个角度来看，可以将有助于产生分散共识的参与者与该共识的用户分开。在模型中，如果卖家只能使用区块链与买家签订智能合约，但被排除在记录保存活动之外，那么他们将不再能够访问助长合谋的相关活动信息。将卖方排除在记录保存活动之外是一个难题。因为排除在记录保存联系之外的当事方也是最有资格验证记录的当事方。目前，大多数现存的公共区块链并没有将这两个组分开。在一些区块链上，记录保护者往往是与最终用户相对独立的群体，目前这一方案尚未得到探索。但在我国铺设区块链技术的同时，将成为一个在两个独立性系统之间权衡的方向。结合我国平台经济反垄断出台的政策，对妨碍正常竞争、损害消费者利益的不法行为进行系统性治理，更好地发展区块链技术。

最后需要指出的是，虽然本文基于智能合约理论对区块链技术影响企业策略性合谋行为进行了理论研究，但由于学识和水平有限以及国内案例和数据资料相对缺乏，不足之处明显在于对私有区块链下的增强隐秘合谋行为分析还没有进行深入的数理模型分析，并且所有的研究结论也还缺乏实证检验或者案例支持，这些都是未来需要进一步深入研究的方向或者选题。

参考文献

[1] 保罗·贝拉弗雷姆、马丁·佩泽：《产业组织：市场与策略》，格致出版社、上海三联出版社和上海人民出版社2015年版。

[2] 干春晖：《企业策略性行为研究》，经济管理出版社2004年版。

[3] 干春晖、姚瑜琳：《策略性行为理论研究》，载《中国工业经济》2005年第11期。

[4] 马金仪：《区块链应用中的反垄断风险与规制研究》，载《上海法学研究》2020年第5卷。

[5] Abadi, J. and Brunnermeier, M., 2018: Blockchain economics, *NBER Working Paper*, No. 25407.

[6] Catalini, C. and Gans, J. S., 2019: Some simple economics of the blockchain, *NBER Working Paper*, No. 22952.

[7] Cong, L. W. and He, Z., 2019: Blockchain disruption and smart contracts, *The Review of Financial Studies*, Vol. 32, No. 5.

[8] Crosby, M., Pattanayak, P., Verma, S., and Kalyanaraman, V., 2016: Blockchain technology: Beyond bitcoin, *Applied Innovation*, Vol. 2, No. 6 – 10.

[9] Gans, J. S. and Gandal, N., 2019: More (or Less) Economic Limits of the Blockchain, *NBER Working Paper*, No. 26534.

[10] Holden, R. T. and Malani, A., 2019: Can Blockchain Solve the Hold-up Problem in Contracts? *NBER Working Paper*, No. 25833.

[11] Iansiti, M. and Lakhani, K. R., 2017: The truth about blockchain, *Harvard Business Review*, Vol. 95, No. 1.

[12] Raskin, M. and Yermack, D., 2018: Digital currencies, decentralized ledgers and the future of central banking, *Research Handbook on Central Banking*, Edward Elgar Publishing.

[13] Schelling, T. C., 1969: The Strategy of Conflict, *Journal of the American Statal Association*, Vol. 43, No. 4.

[14] Tirole, J., 1988: The Theory of Industrial Organization, *Economica*, Vol. 56, No. 223.

[15] Yermack, D., 2017: Corporate governance and blockchains, *Review of Finance*, Vol. 21, No. 1.

Block chain technology, enterprise strategic collusion behavior and anti-monopoly policy

—Theoretical research based on intelligent contract

Shihong Zeng　Chen Gao

Abstract: As an emerging digital technology, block-chain may exert an important influence on strategic collusion behaviors of enterprises, and the internal mechanism of forming new monopolies should be studied in depth. Based on the basic principles and model framework of market obstruction and tacit collusion in traditional industrial organization theory, this paper introduces block chain technology to further analyze the internal mechanism of smart contract influencing strategic collusion behavior of enterprises, and focuses on discussing the ways and economic consequences of public block chain and private block chain influencing strategic collusion behavior of enterprises. It is founded that public block chains strengthen enterprises to enter the markets, but when incumbents successfully use private block chain or chain alliance, is bound by chains of special privileges to control the market competition strategy behavior of traditional industries, by changing the underlying permissions block into the hidden conspired to keep the price competitive advantage, and continue to obtain monopoly profits. The conclusion of this study is of great enlightenment to the improvement of monopoly supervision and anti-monopoly policy under the digital technology.

Key Words: Block Chain Technology Smart Contracts Strategic Conspiracy Antitrust Policy

JEL Classification: L41 O33 D21

企业家创新精神与制造业全球价值链地位

崔日明　邹　航*

摘　要：本文从理论和实证两个维度深入考察了企业家创新精神对制造业全球价值链地位的影响，并就典型发达经济体与新兴经济体进行比较分析。研究发现，以居民专利申请数量为代表的企业家创新精神对一国制造业全球价值链地位的提高具有显著促进作用，且该结论具有很强的稳健性，并存在行业及国家异质性。其中行业异质性表明，不同要素视角下企业家创新精神均显著提升了制造业全球价值链地位；国家异质性表明，新兴经济体专利创新转化为促进其全球价值链地位提高的能力相对较弱。对于影响机制的进一步研究发现，对比发达经济体，新兴经济体在资本和技术密集型行业专利转化率不高、大量专利并未形成正向的、对于其全球价值链地位有促进作用的生产力。中国作为最具竞争力的新兴经济体，应加大投入、构建良好体制、积极培育企业家创新精神、促进专利转化，进而提升制造业全球价值链地位。

关键词：企业家创新精神　全球价值链　行业异质性

自企业家理论（Schumpeter，1934）产生以来，学界内围绕其对国内市场的影响进行了各种研究和探讨（Gilbert et al.，2004；Audretsch and Keilbach，2004；Cumming et al.，2014）。然而伴随贸易的全球化，尚未有关于企业家精神对于出口贸易等方面的具体研究（Chaisingham and Nguyen，2016）。另外，全球价值链（Global Chain Value，GVC）地位竞争已成为制造业国际市场竞争的主要形式，发达经济体凭借自身优势，抢占先机，占据制造业 GVC 高端；新兴经济体近年来虽深度融入 GVC，但其制造业分工地位相对较低，大多仅处于加工制造下游环节（王磊、魏龙，2018）。中国作为制造大国和最具竞争力的新兴经济体，也面临着制造业 GVC 分工地位不高的困境（张慧明、蔡银寅，2015）。可见，突破制造业价值链“低端锁

* 本文受国家社科基金重大项目“建设面向东北亚开放合作高地与推进新时代东北振兴研究”（20&ZD097）、辽宁省社会科学规划基金项目“辽宁加快推进‘双循环’新发展格局的对策研究”（L20BJL006）资助。

崔日明：辽宁大学研究生学院；地址：辽宁省沈阳市皇姑区崇山中路 66 号，邮编 110036；Email：jjcrmsy@163.com。

邹航：辽宁大学经济学院，大连工业大学外国语学院；地址：辽宁省沈阳市皇姑区崇山中路 66 号，邮编 110036；Email：15231606@qq.com。

定”，提升价值链分工地位，对于中国对外贸易转型升级和制造业强国战略的实现意义重大。基于创新驱动，处于低端环节的企业学习再创新、相关研发机构瞄准价值链中高端进行科研攻关，处在低端环节的国家才能向价值链高端攀升。但是根据世界银行公布的数据，与发达经济体不同，以中国为代表的新兴经济体近年来居民专利数显著提高，企业家创新水平不断提升，而新兴经济体依旧存在制造业价值链分工地位提升困难与低端锁定风险。那么，企业家创新精神对制造业价值链地位具体的影响如何？新兴经济体与发达经济体通过企业家创新精神推动价值链地位提升过程中存在怎样的差异？发达经济体有何先进经验值得中国及其他新兴经济体学习？基于此，本文就企业家创新精神对制造业 GVC 分工地位的影响进行了初步探究，并就典型新兴经济体与发达经济体的差异进行比较，总结了发达经济体先进的经验，为中国制造业 GVC 分工地位的提升提供借鉴与参考。

一、文献综述

在理论研究中，Schumpeter（1934）提出了创造性破坏理论——能够冲破市场约束，使经济不懈增长的动力源泉——企业家精神理论。在此基础上，Baumol（1968）将企业家精神理论纳入了主流微观经济学领域。而企业家精神的研究在 20 世纪 80 年代新古典增长理论对于技术的外生性假设遭到质疑以来，越来越得到更多学者的研究和重视。新古典经济增长理论认为，经济发展初期对经济起促进作用的劳动力、资本等生产要素随着经济发展到一定阶段，边际报酬递减，驱动要素必然会被知识创新所取代，创新才是促进经济增长的长期驱动力（Aghion and Howitt，1992）。内生增长理论认为创新引发内生的技术进步是促进经济增长的原动力，但人力资本的叠加方为技术进步迸发的根源（Romer，1990）。创新推动了经济的增长和发展，而创新的主体却是企业家（Schumpeter，1934）。企业家精神的内涵非常丰富，包括但不限于企业家的创新精神——以 Schumpeter 为代表的德国学派、企业家的冒险精神——以 Knight 为代表的新古典学派、企业家的创业精神——以 Mises 为代表的奥地利学派（叶作义、吴文彬，2018）。企业家的创新精神是企业家精神的核心（宛群超、袁凌，2019），是 Schumpeter 创造性破坏理论的精髓，主要包括但不限于企业和个人所开展的产品、服务、技术或商业模式等各种形式的创新（李小平、李小克，2017）。早期，对于企业家创新精神的研究主要集中于其在国内产生的各种经济效应，随着经济全球化的发展，在企业家的创新精神与出口以及贸易竞争力等方面，一些学者也逐渐开始了深入的研究和论述。Ezirim and Maclayton（2010）指出企业家创新精神对于出口绩效的提升有显著的正向影响。Cho（2014）研究认为，企业家创新精神对出口绩效有深刻影响。Munoz - Bullon et al.（2015）认为企业家创新精神越活跃，企业出口倾向越强烈，即二者正相关。李小平、李小克（2017）通过构建省级层面企业家精神指数和现实性比较优势指数，实证检验了企业家创新精神和创业精神对地区出口比较优势的影响，何有良和陆文香（2018）借鉴了该方法进一步证实企业家创业与创新精神对企业出口持续时间有正向影响。

无论是出口绩效、出口比较优势还是出口持续时间，都跟 GVC 地位有很强的联系，那么企业家创新精神对于 GVC 地位有何直接影响呢？已有研究初步证实，企业家创新精神对出口贸易及价值链分工地位具有促进作用。企业家创新精神对于新建企业的出口倾向和强度具有显著的促进作用（Munoz - Bullon et al.，2015）。不过，现有研究更多的关注企业家创新精神对制造业产业间分工的影响，对于产品出口影响的研究比较少（Ou - Yang et al.，2016），且关于价值链地位影响的研究也更多地集中于单个样本国家，企业家创新精神对制造业价值链分工地位的具体影响尚待进一步论证，发达经济体与新兴经济体企业家创新精神的差异化作用比较、发达经济体先进经验的总结借鉴等工作仍有待补充完善。

因此，本文总结以往 GVC 地位指数测算方法，借鉴 Koopman et al.（2010）提出的 GVC 地位指数公式，对各国制造业国际分工地位进行了测算，以了解世界各国制造业 GVC 的真实地位。并基于经济发展水平不同产生的国家异质性与要素密集度不同产生的行业异质性两种视角，分别检验企业家创新精神对制造业 GVC 地位的影响作用。进一步地，为了验证实证结果，在基准回归的基础上进行了内生性及稳健性的再次检验。据本文所知，这是文献中首次关于企业家创新精神与制造业 GVC 地位关系的讨论中最直接的研究。与已有研究相比，本文主要贡献有二：其一，基于制造业视角实证检验企业家创新精神对国家和行业 GVC 地位提升的影响，考察了经济体与行业的异质性影响效应；其二，从企业家创新精神视角，为促进中国制造业国际竞争力及价值链地位提升提供新的思路。

二、理论路径及模型

（一）企业家创新精神提升制造业价值链分工地位的理论路径

伴随全球经济的发展，国际市场为企业家创新精神的发挥，提供了更加广阔的空间，在 GVC 分工背景下，企业家创新精神所带来的“创造性破坏”活动正向效应被进一步扩大。企业家创新精神能够优化要素配置，对制造业出口升级有显著的促进作用（程锐等，2019）。企业家创新精神和 GVC 分工地位逻辑作用机制如图 1 所示。假设本国处于价值链环节 2，企业家创新精神对本国各个产业的创业意愿、研发意愿和研发投入等都会产生影响，但是影响程度是不一样的。企业家创新精神可以在各个产业内部提升核心竞争力，攀升价值链，也可以通过产业间的“溢出”效应，提升核心竞争力，攀升价值链。

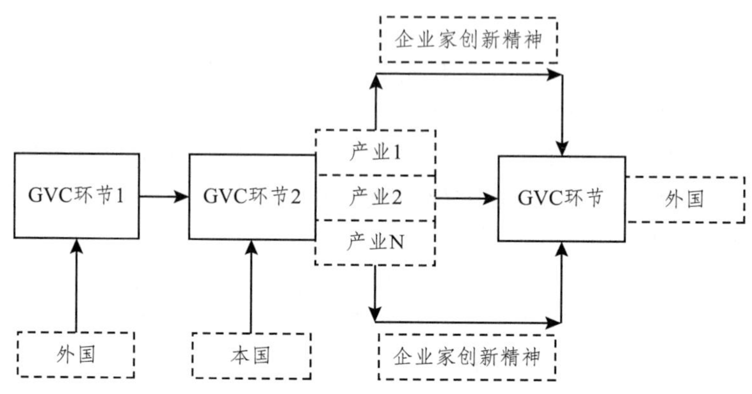

图 1 企业家创新精神和 GVC 分工地位逻辑作用机制

（1）制造业企业家创新精神行为的有效开展，降低成本，获得竞争优势，从而显著提高其产业 GVC 地位。一方面，企业家发挥创新精神通过在研发端、设计端的攻坚克难引导研发人员、资本，积极投入创新、革新生产，实现研发人员、资本与创新环境的合理融合，实现新的生态系统投入与产出链条的正态循环；另一方面，企业家通过创新精神的驱使，引领企业吸取经验，优化企业结构、业务流程，降低运营成本、提高生产效率，积极推动新产品、新技术的开发，实现科技化、高速化，企业不断接近国际标准。此外，企业家通过创新精神的内在驱动天性，主动挖掘市场潜在机会，适应需求，构建贸易网络，积极实现产品销售的扩大化、国际化、攀升化。

（2）在竞争效应和示范效应推动下，制造业企业家创新精神行为的展开，将带动同行业其他企业家的创新精神。为保持竞争力，通过发挥企业家的创新精神进行自主研发、学习再创新等模式，互相追赶，从而带动整个行业的创新竞争，产业链的技术升级，最终实现了制造行业整体创新水平与竞争实力显著提升，参与 GVC 分工过程中，逐步从加工制造低端环节向研发、设计等中高端环节攀升。

（3）企业家创新精神还具有明显的正外部效应。当制造业企业家通过创新精神的发挥提升了企业的技术水平后，必然对其上游供给方及下游合作方的技术要求不断提升，进而倒逼垂直供应链上的相关企业家们不断提高其产品的技术水平。因此，在企业家创新精神的作用下，制造业某一行业的创新效应将被进一步扩大，带动相关行业企业家创新精神的发挥，从而提升相关行业技术的整体水平，最终在参与 GVC 分工过程中均逐步实现分工地位的提升。

（4）企业家创新精神通过国内大循环和国内国际双循环提高价值链地位。投入产出表生动的以“棋盘式”形式反映了国内大循环和国内国际双循环，而国内大循环和国内国际双循环是价值链地位的具体体现。所以价值链地位可以通过国内大循环和国内国际双循环得到具体提升。同时，企业家创新精神是“投入产出”的关键，直接和间接的决定了“直接消耗系数”和“间接消耗系数”，进入决定了里昂惕夫逆矩阵。所以，企业家创新精神可以作为关键环节激发价值链地位的提升。

以上四条理论路径究其根本都是由于企业家充分发挥创新精神，探索各种方法降低生产成本，从而达到制造业价值链分工地位提高的最终结果，因此，本文进一步建立理论模型进行深入探讨。

（二）企业家创新精神提升制造业价值链分工地位的理论模型

借鉴程锐等（2019）及潘家栋、肖文（2018），本文建立企业家创新精神对制造业 GVC 地位的理论模型。假设 i 国为出口国，共有 n 个出口国，j 国为进口国。假设进口国 j 从第 i 个出口国进口的增加值出口量为 x_{ji}，并且假设每个出口国出口的产品是同质的，犹如微观经济理论的完全竞争市场里的产品是同质的。“同质”更能激发创新，相反垄断竞争会削弱创新。可以通过图形来表达“创新”和“同质”的关系，如图 2 所示。

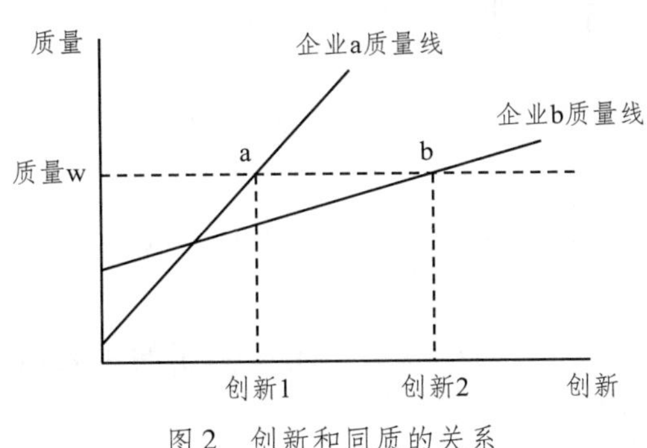

图 2　创新和同质的关系

从图 2 可以看出，创新 1 对应质量 w，创新 2 也对应质量 w。创新 2 的创新程度大于创新 1 的程度，即创新 1 由创新 1 到创新 2，发生了创新提升，但是企业 a 和企业 b 的产品质量线不同，出现了不同的创新，但是相同的质量，主要原因在于企业 a 和企业 b 的“边际质量”不同造成的。

价值链国际分工条件下，各个国家以完成各个生产环节为核心任务，因此价值链国际分工即增加值贸易又称为“任务贸易”，“任务贸易”的显著特征是以“中间产品贸易”为主。所以，增加值出口量可以用来衡量其制造业价值链地位，价值链地位越高，增加值出口量越具有优势，用 x_{ji} 来表示。对于进口国 j，假设效用函数为 CES 函数。假设进口国 j 的消费者用于购买进口品的收入全部来自劳动报酬 ω_j，同时将 ω_j 看作进口国 j 的所有消费者的劳动收入。因此，建立进口国 j 的消费者 CES 效用函数如下：

$$U_j = [(x_{j1})^{\frac{\sigma-1}{\sigma}} + (x_{j2})^{\frac{\sigma-1}{\sigma}} + \cdots + (x_{jn})^{\frac{\sigma-1}{\sigma}}]^{\frac{\sigma}{\sigma-1}}$$
$$= [\sum_{i=1}^{n}(x_{ji})^{\frac{\sigma-1}{\sigma}}]^{\frac{\sigma}{\sigma-1}}, \sigma > 1$$

约束条件为：

$$P_{j1}x_{j1} + P_{j2}x_{j2} + \cdots + P_{jn}x_{jn} = \sum_{i=1}^{n}P_{ji}x_{ji} = \omega_j$$

求解效用最大条件，建立拉格朗日函数为：

$$L = [\sum_{i=1}^{n}(x_{ji})^{\frac{\sigma-1}{\sigma}}]^{\frac{\sigma}{\sigma-1}} + \lambda[\omega_j - (P_{j1}x_{j1} + P_{j2}x_{j2} + \cdots + P_{jn}x_{jn})]$$

对具有代表性的来自出口国 h 和 k 的进口数量计算导数，如下。

$$\begin{cases} \dfrac{\partial L}{\partial x_{jh}} = \dfrac{\sigma}{\sigma-1}[\sum_{i=1}^{n}(x_{ji})^{\frac{\sigma-1}{\sigma}}]^{\frac{1}{\sigma-1}}\dfrac{\sigma-1}{\sigma}(x_{jh})^{-\frac{1}{\sigma}} - \lambda P_{jh} = 0 \\ \dfrac{\partial L}{\partial x_{jk}} = \dfrac{\sigma}{\sigma-1}[\sum_{i=1}^{n}(x_{ji})^{\frac{\sigma-1}{\sigma}}]^{\frac{1}{\sigma-1}}\dfrac{\sigma-1}{\sigma}(x_{jk})^{-\frac{1}{\sigma}} - \lambda P_{jk} = 0 \\ \dfrac{\partial L}{\partial \lambda} = \omega_j - (P_{j1}x_{j1} + P_{j2}x_{j2} + \cdots + P_{jn}x_{jn}) = 0 \end{cases}$$

所以有 $\left(\frac{x_{jh}}{x_{jk}}\right)^{-\frac{1}{\sigma}} = \frac{P_{jh}}{P_{jk}}$，即 $P_{jh} = \left(\frac{x_{jh}}{x_{jk}}\right)^{-\frac{1}{\sigma}}P_{jk}$ 成立。

由于 h 具有代表性，所以将 h 换成 i，即有 $P_{jh} = \left(\frac{x_{jh}}{x_{jk}}\right)^{-\frac{1}{\sigma}}P_{jk} = P_{ji} = \left(\frac{x_{ji}}{x_{jk}}\right)^{-\frac{1}{\sigma}}P_{jk}$，代入约束条件有，$\sum_{i=1}^{n}\left(\frac{x_{ji}}{x_{jk}}\right)^{-\frac{1}{\sigma}}P_{jk}x_{ji} = \omega_j$，即 $\sum_{i=1}^{n}\frac{(x_{ji})^{-\frac{1}{\sigma}}x_{ji}}{(x_{jk})^{-\frac{1}{\sigma}}}P_{jk} = \omega_j$ 成立。所以 $P_{jk}\sum_{i=1}^{n}(x_{ji})^{\frac{\sigma-1}{\sigma}} = (x_{jk})^{-\frac{1}{\sigma}}\omega_j$。为了便于表达，将公式的 k 和 i 互换，即：

$$P_{jk} = \frac{(x_{jk})^{-\frac{1}{\sigma}}}{\sum_{i=1}^{n}(x_{ji})^{\frac{\sigma-1}{\sigma}}}\omega_j \Rightarrow P_{ji} = \frac{(x_{ji})^{-\frac{1}{\sigma}}}{\sum_{k=1}^{n}(x_{jk})^{\frac{\sigma-1}{\sigma}}}\omega_j$$

接着，考虑生产厂商的供给情况。假设出口国 i 的生产函数为柯布—道格拉斯生产函数，函数形式为 $x_i = A(\kappa_i)K_i^{\gamma}L_i^{1-\gamma}$，可以看出，此生产函数为规模报酬不变的生产函数。其中，κ_i 为企业家创新精神，对生产技术 A 具有重要作用，并且有 $\frac{\partial x_i}{\partial A(\kappa_i)} > 0$ 和 $\frac{\partial A(\kappa_i)}{\partial \kappa_i} > 0$，即出口国技术提高，会提升产量——企业家创新精神会对生产技术有正向作用。企业家创新精神通过创业意愿、研发意愿和研发投入等变量影响生产技术。企业家创新精神可以激发创业意愿，增强研发意愿，会促进企业加大研发投入，这些都会从各个方面提升企业对高水平生产技术的偏好，进而带动企业对生产技术的应用、研发和投入，对生产技术有正向作用。同时，根据程锐等（2019），企业家创新精神也会影响企业的固定成本 $F(\kappa_i)$，并且有$\frac{\partial F(\kappa_i)}{\partial \kappa_i}<0$。企业在追逐利润最大的过程中，企业家创新精神会增强企业的创业欲望，不断扩大企业规模，从而降低了企业的固定成本。假设 P_i 为出口国 i 的出口产品价格，ω_i 为出口国 i 的工资，τ_i 为出口国 i 的利率，所以出口国 i 的利润函数可以写成如下形式：

$$\begin{aligned}\pi_i &= TR_i - TC_i = P_i x_i - \omega_i L_i - \tau_i K_i - F(\kappa_i)\\ &= P_i A(\kappa_i) K_i^{\gamma} L_i^{1-\gamma} - \omega_i L_i - \tau_i K_i - F(\kappa_i)\end{aligned}$$

计算利润最大一阶条件有：

$$\begin{cases}\frac{\partial \pi_i}{\partial K_i} = \gamma P_i A(\kappa_i) K_i^{\gamma-1} L_i^{1-\gamma} - \tau_i - \frac{\partial F(\kappa_i)}{\partial K_i} = 0\\ \frac{\partial \pi_i}{\partial L_i} = (1-\gamma) P_i A(\kappa_i) K_i^{\gamma} L_i^{-\gamma} - \omega_i - \frac{\partial F(\kappa_i)}{\partial L_i} = 0\end{cases}$$

因为$\frac{\partial F(\kappa_i)}{\partial K_i} = \frac{\partial F(\kappa_i)}{\partial L_i} = 0$，所以有$\frac{\gamma}{1-\gamma}\frac{L_i}{K_i} = \frac{\tau_i}{\omega_i} \Rightarrow L_i = \frac{1-\gamma}{\gamma}\frac{\tau_i}{\omega_i}K_i$。

将 $L_i = \frac{1-\gamma}{\gamma}\frac{\tau_i}{\omega_i}K_i$ 代入 $\gamma P_i A(\kappa_i) K_i^{\gamma-1} L_i^{1-\gamma} - \tau_i = 0$，有 $\gamma P_i A(\kappa_i) K_i^{\gamma-1}\left(\frac{1-\gamma}{\gamma}\frac{\tau_i}{\omega_i}K_i\right)^{1-\gamma} = \tau_i$，所以有 $P_i = \frac{1}{A(\kappa_i)}\gamma^{-\gamma}(1-\gamma)^{\gamma-1}\omega_i^{1-\gamma}\tau_i^{\gamma}$。假设运输存在着"成本加成 $c_{ji}(\kappa_i)$"，并且$\frac{\partial c_{ji}(\kappa_i)}{\partial \kappa_i}<0$，即企业家创新精神提升会降低成本。$e_{ji}$为间接标价法的汇率。所以，根据一价定律有 $P_{ji} = P_i e_{ji}[1 + c_{ji}(\kappa_i)]$，即 $\frac{(x_{ji})^{-\frac{1}{\sigma}}}{\sum_{k=1}^{n}(x_{jk})^{\frac{\sigma-1}{\sigma}}}\omega_j = \frac{1}{A(\kappa_i)}\gamma^{-\gamma}(1-\gamma)^{\gamma-1}\omega_i^{1-\gamma}\tau_i^{\gamma}e_{ji}[1 + c_{ji}(\kappa_i)]$ 成立。方程两边同时取对数，有：

$$\begin{aligned}-\frac{1}{\sigma}\mathrm{Ln}x_{ji} - \frac{\sigma-1}{\sigma}\mathrm{Ln}\sum_{k=1}^{n}x_{jk} + \mathrm{Ln}\omega_j = &-\mathrm{Ln}A(\kappa_i) - \gamma\mathrm{Ln}\gamma + (\gamma-1)\mathrm{Ln}(1-\gamma)\\ &+ (1-\gamma)\mathrm{Ln}\omega_i + \gamma\mathrm{Ln}\tau_i + \mathrm{Ln}e_{ji}\\ &+ \mathrm{Ln}[1 + c_{ji}(\kappa_i)]\end{aligned}$$

产量 x_{ji} 即 x_i 对企业家创新精神 κ_i 计算导数有：

$$-\frac{1}{\sigma}\frac{1}{x_{ji}}\frac{dx_{ji}}{d\kappa_i} - \frac{\sigma-1}{\sigma}\frac{1}{\sum_{k=1}^{n}x_{jk}}\frac{dx_{ji}}{d\kappa_i} = -\frac{1}{A(\kappa_i)}\frac{dA(\kappa_i)}{d\kappa_i} + \frac{1}{1 + c_{ji}(\kappa_i)}\frac{dc_{ji}(\kappa_i)}{d\kappa_i}$$

即 $\left(-\frac{1}{\sigma}\frac{1}{x_{ji}}-\frac{\sigma-1}{\sigma}\frac{1}{\sum_{k=1}^{n}x_{jk}}\right)\frac{dx_{ji}}{d\kappa_i}=-\frac{1}{A(\kappa_i)}\frac{dA(\kappa_i)}{d\kappa_i}+\frac{1}{1+c_{ji}(\kappa_i)}\frac{dc_{ji}(\kappa_i)}{d\kappa_i}$

成立。所以有下面式子成立。

$$\frac{dx_{ji}}{d\kappa_i}=\frac{-\frac{1}{A(\kappa_i)}\frac{dA(\kappa_i)}{d\kappa_i}+\frac{1}{1+c_{ji}(\kappa_i)}\frac{dc_{ji}(\kappa_i)}{d\kappa_i}}{-\frac{1}{\sigma}\frac{1}{x_{ji}}-\frac{\sigma-1}{\sigma}\frac{1}{\sum_{k=1}^{n}x_{jk}}}$$

因为$\frac{dA(\kappa_i)}{d\kappa_i}>0$和$\frac{dc_{ji}(\kappa_i)}{d\kappa_i}<0$，所以分子 $-\frac{1}{A(\kappa_i)}\frac{dA(\kappa_i)}{d\kappa_i}+\frac{1}{1+c_{ji}(\kappa_i)}\frac{dc_{ji}(\kappa_i)}{d\kappa_i}<0$，并且有分母 $-\frac{1}{\sigma}\frac{1}{x_{ji}}-\frac{\sigma-1}{\sigma}\frac{1}{\sum_{k=1}^{n}x_{jk}}<0$，所以$\frac{dx_{ji}}{d\kappa_i}>0$。因此，得出结论：企业家创新精神对企业增加值出口具有正向作用，即企业家创新精神可以提高制造业价值链地位。

基于上述分析，本文提出如下假设：

假设 1：企业家创新精神对发达经济体和新兴经济体的价值链地位具有正向的提升作用。

假设 2：由于不同行业所隐含的生产要素的异质性，造成了企业家创新精神的作用渠道不同，因此企业家创新精神对不同行业的制造业价值链地位影响存在异质性。

假设 3：由于不同国家的经济和科研“存量差异”造成了企业家创新“惯性”的差异，因此企业家创新精神对不同国家的制造业价值链地位影响存在异质性。

三、变量选取与计量模型

（一）计量模型与指标选择

基于上述理论机制，本文构建如下计量模型开展实证分析：

$$G_{ct}=\beta_0+\beta_1P_{ct}+\beta_2X_{ct}+\omega_c+t+\mu_{ct} \quad (1)$$

式（1）中，G_{ct}代表制造业 GVC 地位指数，P_{ct}代表企业家创新精神变量，X_{ct}为一系列控制变量，ω_c 和 t 分别为国家固定效应和时间固定效应，μ_{ct}为随机误差项，c 与 t 分别代表国家和时间。其中，常数项 β_0 反映了个体的“共同性质”，不可观测的不随时间变动的解释变量 ω_c 代表了个体的“异质性”。本文从国家和行业两个角度来考虑“异质性”问题。

被解释变量 GVC 地位指数的衡量，本文参照 Koopman et al.（2010）提出的 GVC 地位指数进行测算。

$$G_{position} = \ln\left(1 + \frac{IV}{E}\right) - \ln\left(1 + \frac{FV}{E}\right) \quad (2)$$

式（2）中，IV、FV 和 E 分别代表一国制造业间接增加值出口、出口内含的国外增加值及总出口。其中，IV/E 大于 FV/E，说明某国某产业在国际分工中具有较高地位，即位于 GVC 的上游；反之，则位于下游。可见，式（2）中 $GVC_{position}$ 的高低代表了某国某产业在 GVC 分工中的地位。

增加值分解方法参照 Wang et al.（2013）WWZ 核算框架进行测算。根据 WWZ 核算框架，一国制造业出口增加值可分解为式（3）中的十六个部分。其中，第一部分表示最终产品出口中的国内增加值出口；第二部分表示中间产品出口中被进口国直接吸收的国内增加值；第三、第四、第五部分为中间产品出口中被进口国再次加工并出口到第三国的国内增加值；第六、第七、第八部分为先出口再返回国内的增加值；第九、第十部分为来自国内的重复统计项；第十一和第十四部分为最终产品出口中的国外增加值；第十二和第十五部分为中间产品出口中的国外增加值；第十三和第十六部分为来自国外的纯重复统计。本文 GVC 地位测算中以第三、第四、第五部分衡量 IV，以第十一、第十二、第十四、第十五部分衡量 FV，以增加值的方式衡量 E。

$$\begin{aligned}
E^{sr} = A^{sr}X^{r} + Y^{sr} &= (V^{s}B^{ss})'\#Y^{sr} + (V^{r}B^{rs})'\#Y^{sr} + (V^{t}B^{ts})'\#Y^{sr} + (V^{s}B^{ss})'\#(A^{sr}X^{r}) \\
&\quad + (V^{r}B^{rs})'\#(A^{sr}X^{r}) + (V^{t}B^{ts})'\#(A^{sr}X^{r}) \\
&= (V^{s}B^{ss})'\#Y^{sr} + (V^{s}L^{ss})'\#(A^{sr}B^{rr}Y^{rr}) + (V^{s}L^{ss})'\#(A^{sr}B^{rt}Y^{tt}) \\
&\quad + (V^{s}L^{ss})'\#(A^{sr}B^{rr}Y^{rt}) + (V^{s}L^{ss})'\#(A^{sr}B^{rt}Y^{tr}) \\
&\quad + (V^{s}L^{ss})\#(A^{sr}B^{rr}Y^{rs}) + (V^{s}L^{ss})'\#(A^{sr}B^{rt}Y^{ts}) \\
&\quad + (V^{s}L^{ss})'\#(A^{sr}B^{rs}Y^{ss}) + (V^{s}L^{ss})'\#[A^{sr}B^{rs}(Y^{sr} + Y^{st})] \\
&\quad + (V^{s}B^{ss} - V^{s}L^{ss})\#(A^{sr}X^{r}) + (V^{r}B^{rs})'\#Y^{sr} \\
&\quad + (V^{r}B^{rs})'\#(A^{sr}L^{rr}Y^{rr}) + (V^{r}B^{rs})'\#(A^{sr}L^{rr}E^{r}) + (V^{t}B^{ts})'\#Y^{sr} \\
&\quad + (V^{t}B^{ts})'\#(A^{sr}L^{rr}Y^{rr}) + (V^{t}B^{ts})'\#(A^{sr}L^{rr}E^{r}) \qquad (3)
\end{aligned}$$

核心解释变量为企业家创新精神，是企业家对于各类创新的不断追求，而对其的衡量，学界内尚未有统一标准，实证研究中的代表性做法如：魏玮、安秀铉（2016）在多层次线性回归模型中分别采用产出法①和制度环境②来衡量企业技术创新能力；王文成（2018）采用新产品产值定义企业的创新产出，并利用企业研发投入和专利数作为替代指标通过了稳健性检验；沈国兵、袁征宇（2020）采用每年的专利申请量来衡量企业的创新活动；李宏彬等（2009）在研究企业家创业与创新精神对中国经济增长的影响时采用

---

① 即新产品销售额占总销售产值的比重。

② 即企业所处地区的市场化总指数。

专利申请量来衡量企业家创新精神；李小平、李小克（2017）采用每万人专利授权量数据化企业家创新精神，进而实证了企业家精神对国内地区出口比较优势的促进作用；叶作义、吴文彬（2018）使用专利申请数等五个指标建立企业家精神指标体系，并运用主成分分析法计算出企业家精神的衡量指标。陈怡安、赵雪萍（2019）采用各省专利申请量度量企业家的创新精神予以讨论制度环境与企业家精神；王洋（2019）基于区域创新系统理论、三螺旋理论等对于影响中国企业家精神时空演化的因素时亦采用专利来具体量化中国企业家精神。上述研究分别从研发支出、生产要素结构水平、专利申请等各个角度对企业技术创新及企业家创新精神进行了衡量。专利申请代表了企业家进行科研发明和努力追求创新，是企业家对于各类形式改革的探索和尝试，相比较而言，大多数学者主要还是采用专利申请量或发明数量予以量化企业家创新精神（Acs et al.，1996；Wong and Ho，2005；李宏彬等，2009；杨勇等，2014），且无论从数据的可连续获得性还是从结果出发衡量企业家创新精神来说都更为直接、有效。基于以上分析，借鉴李宏彬等人的方法，本文采用各国居民专利申请量（Patenta）对企业家创新精神进行衡量。

控制变量选取研发经费、研发人员的投入、对外直接投资、外商直接投资以及进出口贸易五项因素。一国企业家精神在影响制造业 GVC 分工地位的过程中，决定内部水平的知识研发要素以及外部水平的相关经贸因素的影响均不容忽视，这两方面因素对企业家精神创新效应的发挥均起着关键性制约作用。一方面，内部知识要素如研发经费、研发人员投入直接决定了企业家创新水平的发挥，科技研发与生产过程类似，研发经费的投入和相关科研人员的配备存在最佳比率，缺一不可；另一方面，对外直接投资、所引入的外商直接投资以及相关的进出口贸易将会产生直接的逆向技术溢出效应。对外开放和外商直接投资能够提升企业技术进步率，进而促进企业家精神活力的迸发（李磊等，2014）。在对外经贸活动开展过程中，国外先进经验的引入、先进产品进口及加工制造都将给企业家创新精神带来更广阔的视角和方向，倒逼国内技术改革。此外，企业家通过经验、感应等学习效应在出口过程中获得对于企业技术和组织的经验提高（Wang and Blomstrom，1989）。即本国企业家参与国际竞争的过程中，有利于获取国际市场的信息反馈，那么国内企业家创新精神在竞争效应的推动下对于技术创新活动则进一步修整完善。如此，通过本国企业家创新精神内部知识要素的投入、国外先进经验的引领以及市场的及时反馈，本国制造业生产水平进一步提高，成果的有效性、市场认可度进一步提升，本国制造业参与 GVC 过程中所承接的分工环节技术含量进一步加强，企业家创新精神对制造业 GVC 分工地位的促进效应将得到进一步推进。因此，本文采用研发支出（R&D）占一国国内生产总值（GDP）百分比予以衡量每年一国对于研发的投入比例；采用从事研究发展的人员每百万人数量来考量科研人员投入量（Hitecha，High_Technology）。采用外国投资净流入量占GDP百分比作为外商直接投资（FDI）的衡量标准；采用外国投资净流出量占GDP百分比作为对外直接投资（OFDI）的衡量标准；采用来自于高收入经济体的进口商品占总商品进口量比例来测度进口（Import）；采用高技术产品出口量占制造业出口量的比例来衡量出口（Export）规模。

（二）样本选择与数据来源

本文实证分析中，制造业出口增加值数据来源于世界投入产出数据库公布的世界投入产出表，各国专利数量、内部知识水平、外部知识水平来自于世界银行数据库WDI数据指标，囿于世界投入产出表的数据范围，本文样本区间为2000～2014年。

根据世界投入产出表公布的数据，本文共筛选出（C10—C12）食品、饮料制造及烟草业；（C13—C15）纺织、配饰及毛皮制造业；（C16）木材加工、除家具外的木材或软木制品、草、编织工艺品；（C17）造纸及纸制品业；（C18）印刷和记录媒介的复制品；（C19）炼焦及精炼石油加工制造业；（C20）化学原料及化学制品制造业；（C21）基本医药制品及制剂品业；（C22）橡胶及塑料制品业；（C23）其他非金属矿物制品业；（C24）金属制品业；（C25）除机械和设备外的焊接金属制品；（C26）电脑、电子和光学产品制造业；（C27）电气设备制造业；（C28）机械和设备制造业；（C29）摩托车、拖车及半拖挂车制造业；（C30）其他运输设备制造业；（C31—C32）家具及其他制造业；（C33）机械设备维修、安装业，其中C代表产业代码，共19个制造行业作为制造业分析样本。考虑行业异质性因素，劳动密集型制造业包含：C10—C16和C28；资本密集型制造业包含：C17—C19和C22—C25；知识密集型制造业包含：C20—C21、C26—C27和C29—C33。

为了进一步就典型发达经济体与新兴经济体展开比较，实际分析中，本文选取奥地利、加拿大、德国、芬兰、法国、英国、日本、韩国、挪威、葡萄牙、瑞典、美国12个国家作为发达经济体样本；选取制造业价值链地位较高的巴西、中国、塞浦路斯、克罗地亚、匈牙利、印度尼西亚、印度、墨西哥、罗马尼亚、俄罗斯、斯洛文尼亚、南非12个国家作为新兴经济体样本①。

① 国家选取标准：（1）根据2014年GDP排名，所有选取国家都高于200亿美元。（2）在第一步的基础上，我们选出发达与新兴经济体中排名都较为靠前的（前15名）经济体作为样本。（3）数据质量较高，变量数据在样本期内较为完整。

四、实证分析

（一）基准回归分析

基准回归结果如表 1 所示①，为充分考虑企业家创新精神对制造业 GVC 地位的影响，实证分析过程中，本文首先引入核心变量 Patenta 进行回归，然后逐步引入内、外部相关控制变量以做比较，运用全面 FGLS 方法，实证结果汇报至表 1 的（1）~（3）列。

表 1 全面 FGLS 方法的基准回归

变量	(1)	(2)	(3)	(4)	(5)
patenta	0.004*** (0.001)	0.008*** (0.002)	0.008*** (0.002)	0.010*** (0.005)	0.000 (0.002)
rd	—	-0.322*** (0.068)	-0.324*** (0.068)	-0.447*** (0.058)	0.188 (0.129)
hitecha	—	0.024 (0.032)	0.029 (0.032)	0.175*** (0.033)	-0.296*** (0.063)
fdi	—	—	0.003 (0.004)	0.001 (0.005)	-0.006 (0.005)
ofdi	—	—	-0.002 (0.004)	-0.004 (0.004)	0.006 (0.005)
imp	—	—	0.000 (0.003)	-0.017*** (0.006)	0.005*** (0.003)
exp	—	—	-0.001 (0.003)	0.013*** (0.003)	-0.018*** (0.003)
Constant	-0.431*** (0.047)	0.213** (0.119)	0.212 (0.355)	1.591*** (0.558)	-1.722 (0.259)
被解释变量	GVC	GVC	GVC	GVC	GVC
截面-时间固定	是	是	是	是	是

① 此外，需要额外说明的是，由于时间跨度较大，所以个别国家个别年份的解释变量数据缺失如：塞浦路斯在 2000 ~ 2002 年及 2006 年、2011 年。斯洛文尼亚的 2012 ~ 2014 年。并且在进行回归时，由于某些国家数据缺失严重，剔除了印度和印度尼西亚。同样的在控制变量中也存在数据缺失不全的情况。但是结果并不会影响面板数据的回归。下同。

续表

变量	(1)	(2)	(3)	(4)	(5)
N	326	301	299	169	130
Wald chi2	5427.71	6212.05	6320.50	3130.20	7769.35
P 值	0.000	0.000	0.000	0.000	0.000
Within - R2	—	—	—	—	—

注：表中（1）~（5）列系数下方括号内值代表对应的标准误，*** $p<0.01$，** $p<0.05$，* $p<0.1$，下同。第（6）列系数下方括号内值代表对应的 Drisc/Kraay 标准误。

在全样本回归的同时，本文对发达经济体（列（4））和新兴经济体（列（5））分别进行回归，并作比较分析，企业家创新精神在发达经济体样本下的解释能力显著，而在新兴经济体的回归结果虽然是正向有促进作用，却不很显著。在全球经济一体化并行于生产分散化的背景下，发达经济体的制造业，注重企业家创新精神的转化和形成，技术创新稳定，专注于高收益的环节，如研发、营销等，锁定了 GVC 上游，获得了较高的附加值。而反观大部分新兴经济体，由于合同制造和世界加工厂的地位，被锁定于下游位置，面对技术创新的高成本、高投入、高风险，特别是没有相应的国家政策及专利转化机制，企业家创新精神不具有很好地发挥调节和转化率，边际影响较小。因此，新兴经济体企业家创新精神质量的提升，将对其制造业参与 GVC 的边际效应产生重要影响。

（二）稳健性与内生性检验

1. 替换检验方法

基准回归运用了全面 FGLS 方法，测算了全样本核心解释变量企业家创新精神 Patenta 对经济体 GVC 地位的影响。本文同时运用固定效应加权最小二乘法（WLS 方法）操作稳健性检验，结果见表 2 第（2）列。为了更加清楚表达稳健性，将基准回归（表 2 第（1）列）和表 2 第（2）列）WLS 方法以及表 2 第（3）列）的回归系数绘制成图形（见图 3）。从图 3 和表 2 可以看出，FGLS 方法和 WLS 方法计算出来的核心解释变量企业家创新精神 Patenta 的回归系数非常接近，即其他条件不变的情况下，企业家创新精神每提升 1 个单位，会带来制造业 GVC 地位相应提高 0.008 个单位，结果和基准回归基本一致。由图 3 同样可以判断模型中引入控制变量均与基准回归结果基本相同，模型回归结果稳健。

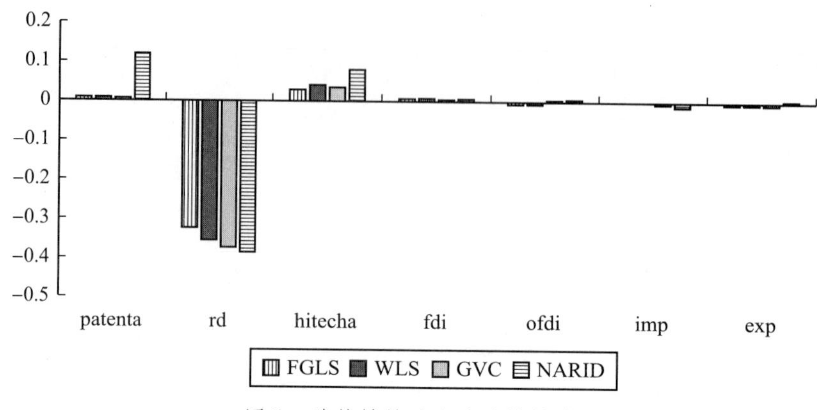

图 3 稳健性检验和内生性检验

数据来源：根据模型计算

2. 替换解释变量

从创新角度来说，居民工业设计申请数量（Number of Applications for Residential Industrial Design，NARID）也可以用来衡量企业家创新精神，因此为了进一步检验本模型的稳健性，运用发达经济体和新兴经济体居民工业设计申请数量替换居民专利申请数量，重新进行回归。结果如表 2 所示。从表 2 第（3）列可以看出，运用发达经济体和新兴经济体居民工业设计申请数量衡量企业家创新精神的回归结果依然为正，而且在 1% 的显著性水平上为正，更加支持企业家创新精神对价值链地位的正向作用。无论是采用新的检验方法，还是替换企业家精神指标，从图 3 可以看出，核心变量和其他控制变量非常接近，表明企业家创新精神具有促进制造业 GVC 地位提升的作用，模型可靠且稳健。

表 2 稳健性和内生性检验结果

变量	（1）WLS 方法稳健	（2）GVC 滞后内生	（3）NARID 稳健
patenta	0.008*** （0.002）	0.006*** （0.001）	—
NARID	—	—	0.119*** （0.000）
rd	−0.355*** （0.051）	−0.373*** （0.000）	−0.385*** （0.004）
hitecha	0.041 （0.023）	0.035 （0.305）	0.080 （0.191）
fdi	0.004 （0.003）	0.001 （0.916）	0.003 （0.787）

续表

变量	(1) WLS 方法稳健	(2) GVC 滞后内生	(3) NARID 稳健
ofdi	-0.002 (0.002)	0.0004 (0.916)	0.002 (0.844)
imp	0.000 (0.005)	-0.005 (0.161)	-0.012* (0.063)
exp	-0.001 (0.003)	-0.002 (0.566)	0.0003 (0.959)
Constant	0.012 (0.463)	0.814** (0.032)	0.023** (0.04)
被解释变量	GVC	GVC	GVC
截面 - 时间固定	是	是	是
N	229	282	231
Wald chi2	—	6193.48	—
P 值	—	—	—
Within - R2	0.158	—	0.241

注：表中（1）~（3）列系数下方括号内值代表对应的尾端概率值，*** $p<0.01$，** $p<0.05$，* $p<0.1$。

3. 内生性检验

企业家创新精神能够对制造业 GVC 地位产生影响，但从反向影响来看，制造业 GVC 也有可能对企业家创新精神的发展和发挥存在潜在的反向因果关系。显然，伴随着价值链垂直分解的逐步深入，制造业 GVC 既会通过市场渠道反作用于企业家创新精神，也会具体影响企业家创新精神的发展和发挥。即企业家创新精神变量存在内生性问题，对此需要进一步检验。选取合适的工具变量是解决解释变量存在内生性问题常用的方法，由于 GVC 的滞后一期为前定变量，不存在内生性问题，因此，本文根据所利用数据的特点选择被解释变量 GVC 的滞后一期作为工具变量，再次进行回归，见表 2 的第（2）列。运用滞后一期的 GVC 作为工具变量回归的结果与原模型的回归结果非常接近，没有明显的证据表明本文的回归结果由于受潜在反向因果关系的影响而带来估计偏误，也再次证明了该模型是比较稳健的。

（三）异质性检验

1. 行业异质性检验

对于不同的行业，企业家创新精神对于制造业 GVC 地位的提升作用是不同的。我国加工贸易巨大（见图 4），所以我国劳动密集型制造业比重较大。同时，随着现代技术的发展和我国经济实力的增强，知识密集型和资本密集型制造业比重在逐渐增加。本文从劳动密集型、知识密集型和资本密集型制造业行业异质性来说明企业家创新精神如何对制造业 GVC 地位产生作用。对于劳动密集型制造业来说，生产过程以劳动者生产要素为主，而企业家创新精神最能激发劳动者的生产热情，提高生产效率和创新水平，进而提升价值链地位。对于知识密集型制造业来说，企业家创新精神会增加“知识存量”，提高“知识边际贡献”，进而提升价值链地位。对于资本密集型制造业来说，企业家创新精神可以吸引资本聚集，但是“追逐利润”是资本永恒的追求，企业家创新精神通过吸引资本可以提升价值链地位，但是不如劳动和知识提升的幅度大。

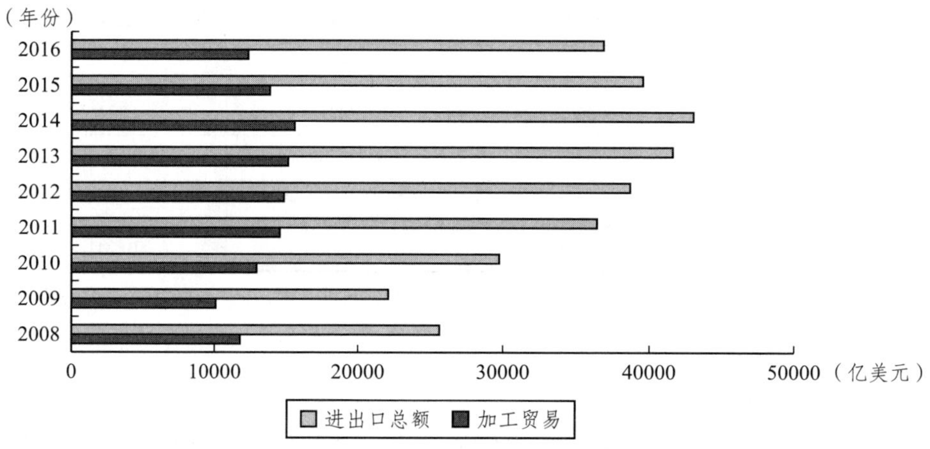

图 4　2008～2016 年我国加工贸易与进出口总额

资料来源：历年《中国统计年鉴》。

考虑基于不同要素密集度行业的企业家创新精神对于 GVC 地位的提升作用可能会存在差异，本文从不同行业的要素密集度出发，进一步分析企业家创新精神对 GVC 地位的影响，模型重新回归，结果如表 3 所示。在考虑了行业异质性之后，结果显示企业家创新精神对制造业 GVC 地位仍具有提升作用，对于劳动密集型行业生产率的促进作用更显著，而对于知识尤其资本型行业生产率的提高相对弱一些。具体来看，企业家创新精神每增加 1 个单位，劳动密集型制造业的 GVC 地位平均提升 0.009 个单位；知识密集型次之，平均提升 0.008 个单位，而资本密集型稍差些，平均提升 0.003 个单位。企业家创新精神对产业升级及价值链地位影响存在显著差异的原因可能是：由于要素密集度不同，各行业对企业家创新精神，即专利技术的依赖性不同，并且其对行业发展、转型升级的边际贡献程度存在着差异，而这种差异往往会体现在专利对 GVC 的不同影响上，引致促进的效应结果有明显的差别。劳动密集型本身的技术含量较低，创新所带来的边际贡献相对明显，而技术、资本密集型创新的边际贡献虽然同样很大，但相对来说明显程度不高。

表 3　考虑行业异质性的检验结果

变量	(1)	(2)	(3)
	lgvc	cgvc	tgvc
patenta	0.009*** (0.002)	0.003 (0.002)	0.008*** (0.002)
rd	-0.202*** (0.070)	-0.341*** (0.077)	-0.279*** (0.065)
hitecha	-0.417* (0.034)	0.051 (0.037)	0.037 (0.032)
fdi	0.003 (0.005)	0.002 (0.005)	0.004 (0.004)
ofdi	-0.002 (0.004)	-0.001 (0.005)	-0.003 (0.004)
imp	0.006 (0.004)	0.009*** (0.004)	-0.002 (0.003)
exp	0.006* (0.003)	0.012*** (0.003)	-0.001 (0.003)
Constant	-0.981** (0.377)	-0.093 (0.412)	0.034 (0.353)
截面—时间固定	是	是	是
N	295	295	295
Wald chi2	3800.20	3556.86	8190.32
P 值	0.000	0.000	0.000

注：表中（1）~（3）列系数下方括号内值代表对应的尾端概率值，*** $p<0.01$，** $p<0.05$，* $p<0.1$。

2. 考虑国家异质性的分行业再检验

一个国家经济和科研发展水平以及经济和科研“存量”对于企业家创新都有巨大影响，进而影响价值链地位。发达经济体拥有雄厚的经济和科研发展水平以及“存量”存在巨大的企业家创新“惯性”，同时，由于发达经济体资本和技术吸引力更强，“溢出效果”更好，而劳动力的“溢出效果”比较弱，因此发达经济体的企业家创新精神通过资本和技术的吸引力可以正向提升价值链地位，而劳动力可能会出现“负向作用”。而新兴经济体虽然具有企业家创新活力，但是基础比较薄弱，“创新惯性”比较小。新兴经济体的劳动力丰富，具有学习的热情，善于学习知识，所以新兴经济体的企业家创新精神通过劳动和知识正向促进价值链地位提升。但是，由于处于价值链地位低端，资本效用很难发挥出来，可能会负向影响价值链地位。

由于经济发展程度存在差异，不同经济体之间行业异质性可能产生不同影响，所以要了解企业家创新精神要素介入 GVC 促进其地位提升，必须要考察国家的影响（Helen and Paulina，2012）。鉴于此，本文在全样本下根据要素密集度进行发达经济体与新兴经济体控制变量下的模型再回归，结果如表 4 所示。其中（1）~（3）列分别代表发达经济体劳动、资本和技术密集型制造业回归结果；（4）~（6）列分别代表新兴经济体劳动、资本和技术密集型制造业回归结果。发达经济体实证结果显示，企业家创新精神在资本和技术密集型行业依然具有显著的解释能力，而在劳动密集型行业则有负向作用。这主要是由于资本、技术密集型行业比劳动密集型的研发密度要高，创新能力更强（Bernard et al.，2006）。总体上，发达经济体核心制造业资源配置优化，创新能力较强，科技实力较强，研发效率显著，附加值较大，因此创新更倾向于促进位于“微笑曲线”两端的资本及技术密集型行业。比较而言，新兴经济体实证结果稍有不同，企业家创新精神对于制造业 GVC 地位在劳动和知识密集型行业有正向性影响，但不显著；而在资本密集型行业有显著负向作用。分析原因可能为：新兴经济体的比较优势在于技术含量、附加值较低的低端制造业，企业家创新精神在新兴经济体劳动密集型行业中的发挥，更有概率进行技术追赶和模仿，而组织进行较高层次创新的能力相对较弱，进行具有实质性创新的专利研发较难，因而不存在显著的企业家创新精神条件效应；而技术差距越大的行业进行技术赶超的难度就越大（Blomstrom and Sjoholm，1999），由于新兴经济体专利创新转化为生产的能力相对较弱（Dierter Ernst et al.，2018），并且资本密集型行业的创新需要付出较高的固定成本，而新兴经济体相较于发达经济体而言能够跨越创新门槛值的高生产率的企业数较少（Aghion et al.，2018），所以较难通过企业家个人的创新精神行为实现竞争力的明显提升。

表 4 考虑国家异质性的分行业再检验

变量	(1)	(2)	(3)	(4)	(5)	(6)
	lgvc	cgvc	tgvc	lgvc	cgvc	tgvc
patenta	-0.008* (0.005)	0.022*** (0.006)	0.015*** (0.005)	0.002 (0.002)	-0.005** (0.002)	0.002 (0.002)
rd	-0.383*** (0.060)	-0.455*** (0.074)	-0.371*** (0.063)	0.252 (0.155)	-0.033 (0.133)	0.135 (0.138)
hitecha	0.394*** (0.333)	0.142*** (0.418)	0.149*** (0.036)	-0.211*** (0.075)	-0.214*** (0.065)	-0.281*** (0.067)

续表

变量	(1)	(2)	(3)	(4)	(5)	(6)
	lgvc	cgvc	tgvc	lgvc	cgvc	tgvc
fdi	0.004 (0.004)	0.001 (0.006)	-0.003 (0.005)	-0.006 (0.007)	-0.001 (0.005)	0.003 (0.006)
ofdi	-0.008** (0.004)	-0.005 (0.006)	-0.001 (0.005)	0.006 (0.006)	0.002 (0.005)	-0.002 (0.006)
imp	-0.015** (0.006)	-0.009 (0.007)	-0.016** (0.006)	0.012*** (0.004)	0.016*** (0.003)	0.003 (0.003)
exp	0.010*** (0.003)	0.020*** (0.004)	0.011*** (0.003)	-0.007** (0.003)	-0.000 (0.003)	-0.013*** (0.003)
Constant	0.980 (0.567)	1.568 (0.710)	1.134* (0.605)	-1.060*** (0.320)	-0.661*** (0.275)	-0.510*** (0.285)
截面—时间固定	是	是	是	是	是	是
N	169	169	169	126	126	126
Wald chi2	2155.15	1981.46	4555.97	3420.06	4302.49	6446.00
P 值	0.000	0.000	0.000	0.000	0.000	0.000

注：表中（1）~（3）列系数下方括号内值代表对应的尾端概率值，*** $p<0.01$，** $p<0.05$，* $p<0.1$。

五、结论与启示

（一）结论

探寻提升制造业 GVC 地位的有效路径，对于广大新兴经济体构筑国际竞争新优势至关重要。而更为重要的是发挥企业家创新精神对技术和实力的提高所带来的关键性驱动作用。本文基于地位指数方法，实证检验了企业家创新精神对于制造业 GVC 地位的影响，并就发达经济体与典型新兴经济体展开比较研究。发现有三：其一，以专利申请数量为代表的企业家创新精神对制造业 GVC 地位拥有显著的正向影响，且该结论具有很强的稳健性；其二，不同要素密集度视角下的企业家创新精神对于制造业 GVC 地位均具有促进作用，以劳动和资本密集型尤为显著；其三，发达经济体制造业拥有强有力的知识资本，利于获取更多的专利技术创新，以及企业家创新精神的发挥，从而作用于其 GVC 地位的提升，最终达到企业家创新精神与制造业价值链地位的正向循环；而新兴经济体技术密集型制造业投入不足，劳动密集型制造业低端锁定，以专利申请数量为代表的企业家创新精神并没有被很好的转化为正向的、对于其 GVC 地位有促进作用的生产力。

（二）对中国的启示

中国作为最具竞争力的新兴经济体，同样面临着“低端锁定”甚至是“低端锁不定”的困境（洪银兴，2017a），在当前出口转型升级的关键阶段，企业家创新却并未发挥出对经济增长的促进作用（吉丹俊，2016）。因此，中国应积极总结借鉴发达经济体先进经验，结合本国实际，采取针对性措施，促进企业家创新精神驱动制造业 GVC 地位提升，具体建议在以下几个方面有所改进：

第一，防范“低端锁定”风险，实现制造业产业内升级，促进企业家创新精神的勃发。中国自改革开放以来通过较低的劳动力成本比较优势参与到 GVC 中，并获得了一定的经济增长。但同时也形成了低端技术制造业不愿意承担创新风险进行技术改革和提升的状态。长此以往，劳动力成本优势逐渐消失，中国的制造业将会被锁定在 GVC 下游，甚至有“锁不定”下滑的趋势。因此，借鉴发达经济体产业内升级战略，大力培植进而发挥企业家创新精神，有针对性的转变经济的发展方式，例如，国有企业着重于基础设施的长期投资，集体企业着重于创造低成本的劳动密集型产业，跨国公司着重于先进技术和管理的引进与应用，私营企业着重于快速创新。另外，还应鼓励“大众创业，万众创新”，激发制造业中小企业的潜力，增加经济增长的技术含量，建立健全法制体系、专利保护措施，激发和吸引更多的创新创造元素，提供相关的技能培训，保障企业家创新才能的丰沛及创新性精神的发挥，增加产品的附加值，驱动我国制造业由低端向高端环节攀升，逐步突破低端产业链的束缚，实现内部的转型升级。

第二，提高创新的活力和质量，注重核心技术的培养，促进研发资本的培育。研究发现，新兴经济体居民专利申请数量不断增加，而制造业 GVC 地位却未见与之相应地增长。中国作为典型的新兴经济体，虽然专利数量位居世界前列，但是大量的核心技术和高端配件仍然依赖进口，出口产品的附加值不高，所以重视核心技术的培养是中国制造业转型和发展的关键。有研究者认识到当把创新提升为国家发展重点和战略后，以专利数量体现的企业家创新精神却并没有实现通过技术进步和竞争优势获得高质量的产品升级和提高（杨晖，2017）。因此，提高制造业创新转化投入，营造良好的市场营商环境，积极培育企业家创新精神，促进生产率和技术的进步，不断获得技术与成本的双重优势，构建良好高效的创新转化机制，形成企业家创新精神促进贸易比较优势提升的良性循环。

第三，参考发达经济体专利转化机制，在不断学习和引进中进行技术创新和转型升级。正如洪银兴（2017b）所说，攀升 GVC 中高端需要依靠科技创新建立以自己为主的全球价值链。目前，中国不仅需促进企业的成长和壮大，提高产品服务差异化，增强企业的竞争力，增加企业的利润，提升制造业的国际竞争力，而且需学习和借鉴发达经济体成功的转化机制，争取能够早日制定合理的产业政策，缩小地区差异，实现经济转型，鼓励企业“走出去”，建立健全有利于促进企业家创新精神发挥的良好制度和法律环境，使企业家创新精神在制造业 GVC 地位提升中起到积极促进的作用，为中国最终构建自己主导的价值链创造有利条件。

参考文献

[1] 陈怡安、赵雪苹：《制度环境与企业家精神：机制、效应及政策研究》，载《科研管理》2019 年第 5 期。

[2] 程锐、马莉莉、张燕、唐旖晨：《企业家精神、要素配置效率与制造业出口升级》，载《产业经济研究》2019 年第 6 期。

[3] Dieter，E.、张耀坤、张梦琳、侯俊军：《全球网络中的标准必要专利——新兴经济体的视角》，载《科学学与科学技术管理》2018 年第 39 期。

[4] 何有良、陆文香：《企业家精神与中国制造业企业出口持续时间》，载《国际商务(对外经济贸易大学学报)》2018 年第 4 期。

[5] 洪银兴：《创新驱动攀升全球价值链中高端》，载《经济学家》2017 年第 12 期。

[6] 洪银兴：《参与全球经济治理：攀升全球价值链中高端》，载《南京大学学报》2017 年第 4 期。

[7] 吉丹俊：《企业家精神、知识溢出与我国经济增长》，载《山东财经大学学报》2016 年第 1 期。

[8] 李宏彬、李杏、姚先国、张海峰、张俊森：《企业家的创业与创新精神对中国经济增长的影响》，载《经济研究》2009 年第 10 期。

[9] 李磊、郑妍妍、刘鹏程：《金融发展、职业选择与企业家精神——来自微观调查等证据》，载《金融研究》2014 年第 6 期。

[10] 李小平、李小克：《企业家精神与地区出口比较优势》，载《经济管理》2017 年第 2 期。

[11] 潘家栋、肖文：《互联网发展对我国出口贸易的影响研究》，载《国际贸易问题》2018 年第 12 期。

[12] 沈国兵、袁征宇：《企业互联网化对中国企业创新及出口的影响》，载《经济研究》2020 年第 55 期。

[13] 宛群超、袁凌：《空间集聚、企业家精神与区域创新效率》，载《软科学》2019 年第 33 期。

[14] 王磊、魏龙：《新兴经济体如何进行价值链升级：基于国际分工视角的文献综述》，载《经济评论》2018 年第 3 期。

[15] 王洋：《中国企业家精神时空演化及其影响因素研究》，载《辽宁大学博士论文》2019 年。

[16] 王文成：《全球价值链嵌入对我国企业家创新精神的影响》，载《改革》2018 年第 6 期。

[17] 魏玮、安秀玹：《创新、制度与企业出口绩效》，载《财经问题研究》2016 年第 3 期。

[18] 杨晖：《中国企业技术创新动力不足的原因与对策分析》，载《金融经济》2017 年第 16 期。

[19] 杨勇、朱乾、达庆利：《中国省域企业家精神的空间溢出效应研究》，载《中国管理科学》2014 年第 22 期。

[20] 叶作义、吴文彬：《企业研发投入的驱动因素分析——基于中国上市公司企业家精神角度》，载《上海对外经贸大学学报》2018 年第 25 期。

[21] 张慧明、蔡银寅：《中国制造业如何走出“低端锁定”——基于面板数据的实证研究》，载《国际经贸探索》2015 年第 31 期。

[22] Acs, Z. J., Carlsson, B., and Thurik, R., 1996: *Small Business in the Modern Economy*, Oxford: Blackwell Publishers.

[23] Aghion, P., Bergeaud, A., Lequien, M., and Melitz M. J., 2018: The Impact of Exports on Innovation: *Theory and Evidence*, NBER Working Paper.

[24] Aghion, P. and Howitt, P. A., 1992: Model of Growth through Creative Destruction, *Econometrica*, Vol. 60, No. 2.

[25] Audretsch, D. B. and Keilbach, M., 2004: Entrepreneurship and Regional Growth: An Evolutionary Interpretation, *Journal of Evolutionary Economics*, Vol. 14, No. 5.

[26] Baumol, W. J., 1968: Entrepreneurship in Economic Theory, *American Economic Review*, Vol. 58, No. 2.

[27] Bernard, A. B., Jensen, J. B., and Schott, P. K., 2006: Survival of the Best Fit: Exposure to Low - Wage Countries and the (Uneven) Growth of U. S. Manufacturing Plants, *Journal of International Economics*, Vol. 68, No. 1.

[28] Blomstrom, M. and Sjoholm, F., 1999: Technology Transfer and Spillovers; Does Local Participation with Multinationals Matter, *European Economic Review*, Vol. 43, No. 4.

[29] Chaisingharn, N. and Nguyen, T. H., 2016: The Impacts of Entrepreneurship on Export Orientation and Internationalisation: The Moderating Effects of Family Ownership and Involvement, *International Journal of Innovation and Learning*, Vol. 19, No. 1.

[30] CHO, Y. S., 2014: The Mediating Effect of Learning Competence Between the Entrepreneurship and Export Performance of International New Ventures in Global Trade Environment, 통상정보연구, Vol. 16, No. 2.

[31] Cumming, D., Sofia, J., and Zhang, M. J., 2014: The Economic Impact of Entrepreneurship: Comparing International Datasets, *Corporate Governance: An International Review*, Vol. 22, No. 2.

[32] Ezirim, A. C. and Maclayton, D. W., 2010: Entrepreneurial Orientation and Export Marketing Performance, *International Research Journal of Finance and Economics*, Vol. 38, No. 8.

[33] Gilbert, B. A., Audretsch, D. B., and McDougall, P. P., 2004: The Emergence of Entrepreneurship Policy, *Small Business Economics*, Vol. 22, No. 3.

[34] Helen, R. and Paulina, R., 2012: Bringing Social Institutions into Global Value Chain Analysis: The Case of Salmon Farming in Chile, *Work, Employment and Society*,

Vol. 26, No. 5.

[35] Koopman, R., Powers, W., and Wang, Z., 2010: Give Credit Where Credit Is Due: Tracing Value Added in Global Production Chains, *NBER Working Paper*, No. W16426.

[36] Munoz – Bullon, F., Sanchez – Bueno, M. J., and Vos – Saz, A., 2015: Nascent Entrepreneurs' Personality Attributes and the International Dimension of New Ventures, *International Entrepreneurship and Management Journal*, Vol. 11.

[37] Ou – Yang, H. Y., Chaisingharn, N., and Nguyen, T. H., 2016: The Impacts of Entrepreneurship on Export Orientation and Internationalization: the Moderating Effects of Family Ownership and Involvement, *International journal of innovation and learning*, Vol. 19, No. 1.

[38] Romer, P. M., 1990: Endogenous Technological Change, *Journal of Political Economy*, Vol. 98, No. 5.

[39] Schumpeter, J., 1934: *The Theory of Economic Development*, Cambridge: Harvard University Press.

[40] Wang, J. Y. and Blonstrom, M., 1989: Foreign Investment and Technology Transfer: A Simple Model, *European Economic Review*, Vol. 36, No. 1.

[41] Wang, Zh., Shang, J. W., and Kun, J. Zh., 2013: Quantifying International Production Sharing at The Bilateral and Sector Levels, *NBER Working Paper*, No. 19677.

[42] Wong, P. K., Ho, Y. P., and Autio, E., 2005: Entrepreneurship, Innovation and Economic Growth: Evidence from GEM data, *Small Business Economics*, Vol. 24, No. 3.

Entrepreneurial Innovation and GVC Status of Manufacturing

Riming Cui　Hang Zou

Abstract: The purpose of this research was to empirically test the influences of innovative entrepreneurship on manufacturing's global value chains (GVC) status, and comparing analysis of typical advanced and emerging economies. Results revealed that entrepreneurial innovation, which is represented by residents' patent has noticeable promotions to a nation's manufacturing GVC status, and the conclusion is still valid while using WLS to test again. And there is also industrial and national heterogeneity. Further research found that, compared to advanced economies, emerging ones have lower patent conversions and many patents have not promoted manufacturing's technological improvements, which is one of the primary reasons for failing to promote the countries GVC status. As the most competitive emerging economy, China should invest more in human capital, set up better system, actively cultivate entrepreneurial innovation, promote better patent conversion in order to upgrade manufacturing's GVC status.

Key Words: Entrepreneurial Innovation Global Value Chain Industrial Heterogeneity

JEL Classification: O33 L16 D24

中国装备制造业发展：特征事实与增长动力转换实证

马艳艳 刘 洁[*]

摘 要：在中国经济由高速增长阶段转向高质量发展阶段的现实背景下，支撑中国装备制造业保持稳定增长的传统动力受到供需两侧结构性变化的约束而趋于减弱，推动装备制造业增长动力转换对于实现装备制造业高质量发展具有重要意义。文章首先描述了 1990～2017 年中国装备制造业发展的特征事实，然后通过构建扩展的 C－D 生产函数模型，运用全面 FGLS 和迭代 FGLS 估计模型对中国装备制造业增长动力转换进行实证。研究结果表明：中国装备制造业各细分行业目前正处于或即将进入产业成熟期，亟须培育产业增长新动力。从整体回归结果看，中国装备制造业产出增长主要由劳动力要素驱动，资本要素和研发投入的驱动作用相对较弱。从分段回归结果看，劳动力要素和研发投入对装备制造业产出增长的驱动作用明显提升，而资本要素的驱动作用却明显减弱。中国装备制造业并未遵循“劳动力要素驱动－资本要素驱动－研发投入驱动”的传统增长路径，而是存在着依靠劳动力要素和研发投入“双轮驱动”的可能性。

关键词：装备制造业 增长动力 劳动力 资本 研发

一、引言与文献回顾

习近平总书记指出，装备制造业是制造业的脊梁，要加大投入、加强研发、加快发展，努力占领世界制高点、掌控技术话语权，使中国成为现代装

* 本文受国家自然科学基金青年项目“产学研用协同创新政策对创新网络结构演化的驱动机制——以东北地区装备制造业为例”（71603037）、国家社科基金重大项目“新形势下我国科技创新治理体系现代化研究”（20&ZD074）、辽宁省教育厅 2020 年度科学研究经费项目“辽宁装备制造业增长动力转换的技术创新路径及政策”（XZK2020006）资助。

马艳艳：大连理工大学经济管理学院；地址：辽宁省大连市甘井子区凌工路 2 号，邮编 116024；Email：mayy@ dlut. edu. cn。

刘洁：大连理工大学经济管理学院；地址：辽宁省大连市甘井子区凌工路 2 号，邮编 116024；Email：liujie_0428@ 126. com。

备制造业大国。然而，在中国经济由高速增长阶段转向高质量发展阶段的现实背景下，支撑中国装备制造业保持稳定增长的传统动力，如投资拉动、产能扩张和要素大规模投入，受到供需两侧结构性变化的约束而趋于减弱，主要表现为：其一，从需求侧来看，自 2008 年金融危机后，大规模固定资产投资刺激了装备制造业规模的快速扩张，然而在市场需求规模结束高速增长之后，市场需求结构也发生重大变化，导致装备制造业结构性矛盾突出，"低端产能过剩、高端产能不足"。其二，从供给侧来看，步入经济新常态后，装备制造业生产要素大规模投入的条件已然发生变化，原有的低成本竞争优势开始减弱，继续依靠大规模增加要素投入支撑产业增长越来越困难（王一鸣，2017），与此同时，中国在当前和今后发展阶段又面临着发达国家日益严格的技术封锁（樊纲，2019；樊纲，2020）。可以看出，中国装备制造业目前已进入产业震荡期，传统增长动力受到供需结构性变化的深刻影响而日趋减弱，供给侧改革又受到生产要素的丰裕程度和要素禀赋结构的制约而步履维艰。中国装备制造业亟待进行增长动力重构，从而最终实现产业的高质量发展。

从理论上讲，制造业增长动力在本质上与经济增长动力是一致的（王家庭等，2019）。现有研究通常在 AD－AS 模型框架下解释经济或产业增长的动力来源（Dutt，2006；Zhang and Wan，2005；Chen and Groenewold，2019；余斌、吴振宇，2017）。从需求侧看，经济或产业增长动力主要来自消费、投资和出口；从供给侧看，经济或产业增长动力则取决于劳动力、资本和全要素生产率的有效供给和利用效率。在 AD－AS 模型框架下，中长期经济或产业增长动力来自于供给侧。然而，制造业供给侧结构性改革受制于投入要素的丰裕程度和要素禀赋结构。在长期，随着产业的不断演化，产业增长的内在约束条件往往发生系统性变化，这就需要通过生产要素的优化配置驱动产业增长动力调整和转换（欧阳志刚、陈普，2020；尹恒、李世刚，2019；史丹、张成，2017；胡亚茹、陈丹丹，2019）。因此，从要素禀赋层面破解供给约束是中国由制造大国发展成制造强国的关键所在（欧阳志刚、陈普，2020）。尹恒、李世刚（2019）运用 1998～2013 年中国制造业企业数据估计中国资源配置效率改善的空间，发现中国资源配置效率的改善空间平均达到 160%，未来十年即使只释放出资源配置效率改善空间的一半也能保证每年 3.85% 的经济增长率，改革"红利"仍然十分丰厚。史丹、张成（2017）也认为制造业产出结构的系统性优化需要各种投入要素进行联动配套。欧阳志刚、陈普（2020）利用中国省际层面和行业层面的 26 种投入要素，基于要素禀赋特征揭示各地区代表性工业行业的选择和发展路径，认为对于非充分发展的工业行业，其发展路径是提高要素的使用效率或改善要素结构；对于充分发展和要素约束的行业，其发展路径是增加要素投入和改进生产技术。苏杭等（2017）使用劳动力、资本和研发投入衡量要素禀赋，发现相对于资本投入和研发投入，劳动力投入是考察期内中国制造业产业内升级的主要影响因素。Ferrás - Hernández et al.（2019）通过分析184家制造业新兴技术企业的特征，发现样本企业主要是由经验丰富的经理和拥有深厚科技背景的专家团队建立的，他们认为人力资本在制造业新兴技术企业塑造市场竞争优势的过程中发挥着关键作用。黄群慧等（2019）以及沈国兵、袁征宇（2020）发现互联网技术发展通过降低交易成本、减少资源错配以及促进创新，显著提升了制造业生产率。叶祥松、刘敬（2020）则认为科技水平偏低制约了中国由制造大国转变为制造业强国。

部分学者专门针对装备制造业转型升级问题开展研究。安同良等（2020）对中国制造业企业创新行为和能力进行测度，发现中国电子通信制造业通过整体产业的创新与转型升级，形成了集研发、设计、制造、销售的全产业链，并进入全球高端；中国铁路装备企业始终坚持引进消化吸收再创新，走出一条特色创新之路；通用设备产业的进步速度相对较快，但相较于西欧、美国、日本等先进国家，在技术层面还存在明显差距。赵子健、傅佳屏（2020）认为装备制造业高端化就是要求发展模式从依靠要素投入的追加转变为强调全要素生产率的提高。贺俊等（2018）对中国高铁的技术赶超经验进行分析后发现，中国高铁装备企业大致经历了从以CRH2型车为技术平台的技术引进和模仿学习，到以CRH380型车为技术平台的二次开发和正向设计能力提升，再到以CR400型车为技术平台的自主知识产权开发和自主创新能力形成三个阶段。黄阳华、吕铁（2020）也认为产品开发平台对高铁装备制造业技术能力的提升至关重要，而引进创新与自主创新都是完善产品开发平台的手段，二者是互补的关系。路风（2019）则否定了“引进、消化、吸收、再创新”是中国高铁技术进步之源的流行性说法，认为中国铁路装备工业的技术能力基础和国家对于发动铁路激进创新的关键作用是中国高铁成功的重要影响因素。

综上所述，充分释放生产要素配置红利是实现中国装备制造业增长的关键。然而，劳动力、资本和创新等生产要素对中国装备制造业产出增长具有怎样的驱动作用？随着时间的推移，这些生产要素对中国装备制造业产出增长的驱动作用呈现怎样的历史演化规律？已有文献并未对上述问题予以回答。这将导致我们无法准确揭示中国装备制造业增长动力转换的逻辑根源，进而也就难以为中国装备制造业增长新动力的培育提供理论支撑。

本文首先对1990～2017年中国装备制造业发展的特征事实进行描绘；其次，通过构建拓展的C－D生产函数模型，采用1990～2017年中国装备制造业七个细分行业的面板数据，运用全面FGLS和迭代FGLS估计模型，实证检验劳动力要素、资本要素和创新要素对中国装备制造业产出增长的驱动作用；接着，将考察期划分为1990～2001年、2002～2008年和2009～2017

年三个时间段，实证检验劳动力要素、资本要素和创新要素的驱动作用是如何随时间推移而演化的，揭示中国装备制造业增长动力转换规律；然后，进行异质性分析和稳健性检验；最后，根据理论与实证分析结果得出结论与启示。

本文可能的贡献在于：第一，描绘 1990～2017 年中国装备制造业发展的特征事实，发现中国装备制造业各细分行业目前正处于或即将进入产业成熟期，现阶段正是装备制造业启动第二条 S 曲线、培育增长新动力的关键时期。第二，考虑到适用于制造业整体的结论不一定适用于解释装备制造业的发展，为避免分解谬误，本文基于细分行业层面考察劳动力要素、资本要素和创新要素对装备制造业产出增长的驱动作用，探究装备制造业增长的动力来源，发现装备制造业增长动力为“劳动力要素 > 资本要素 > 创新要素”。第三，考虑到不同生产要素对产出增长的影响随产业发展阶段的变化而变化，仅开展静态分析难免会产生偏误，因此本文又进一步分阶段考察各生产要素对装备制造业产出增长的驱动作用是如何随时间推移变化的，研究发现中国装备制造业增长动力转换遵循“劳动力要素驱动－研发投入驱动－资本要素驱动”的路径，未来一段时期内中国装备制造业增长存在依靠劳动力要素和研发投入“双轮驱动”的可能性。

二、数据来源与处理

本文采用 1990～2017 年中国金属制品业、通用设备制造业、专用设备制造业、交通运输设备制造业（简称交通运输制造业）、电气机械和器材制造业（简称电气机械制造业）、计算机、通信和其他电子设备制造业（简称电子通信制造业）、仪器仪表制造业七个装备制造业细分行业的面板数据进行分析，数据来源于历年《中国工业统计年鉴》和《中国科技统计年鉴》。对于部分缺失的数据，本文采用平滑处理的办法进行填补。

首先，由于《国民经济行业分类与代码》进行了多次修订，导致统计年鉴中装备制造业部分细分行业进行了名称变更或拆分合并处理，本文以 2011 年《国民经济行业分类与代码》（GB/T 4754－2011）为标准，对行业分类进行归并整理。1994 年（实为 1993 年数据）统计年鉴中的机械工业被拆分为普通机械制造业和专用设备制造业两个分行业，2004 年（实为 2003 年数据）普通机械制造业变更名称为通用设备制造业，本文按照 1993 年的构成比例把 1990～1992 年机械工业的数据划分到普通机械制造业和专用设备制造业两个行业中，同时默认 1990～2002 年普通机械制造业的数据沿用至通用设备制造业。2013 年（实为 2012 年数据）交通运输设备制造业被拆分为汽车制造业和铁路、船舶、航空航天和其他运输设备制造业两个分行业，本文将 2012～2017 年两个分行业的数据进行了合并处理。

其次，中国工业行业的统计口径共经历了两次变化，1997 年前主要为乡及乡以上工业企业数据，1998 ~ 2017 年间主要为规模以上工业企业数据（2011 年前规模以上指年主营业务收入在 500 万元及以上，2011 年起规模以上指年主营业务收入在 2000 万元及以上）。统计数据的口径前后不一致，使得跨期分析变得困难，基于此本文利用全国工业总产值调整前后的比例来统一口径（陈诗一，2011）。由于自 2014 年起，中国不再公布工业总产值数据，本文根据“工业销售产值 = 上年存货 + 工业总产值 − 今年存货（王家庭等，2019）”得出 2013 ~ 2017 年规模以上工业企业的工业总产值，然后用乡及乡以上工业企业工业总产值（规模以上工业企业工业总产值）除以全部工业企业工业总产值得出调整口径数值。

由于自 2008 年起中国不再公布工业增加值数据，所以本文根据 2008 ~ 2017 年每年年度统计公报中公布的装备制造业各细分行业工业增加值增长率进行了推算，在整理出工业增加值的原始数据后，先将其换算为全口径的工业增加值，然后再根据《中国价格统计年鉴》中历年各细分行业工业生产者出厂价格指数进行平减，调整到基期为 1990 年的可比值。

对于资本存量的估算，本文采用较为常见的永续盘存法（黄勇峰等，2002），其计算公式如下：

$$累计折旧_t = 固定资产原值_t - 固定资产净值_t \tag{1}$$

$$本年折旧_t = 累计折旧_t - 累计折旧_{t-1} \tag{2}$$

$$折旧率_t = 本年折旧_t \div 固定资产原值_{t-1} \tag{3}$$

$$新增资本存量 = 固定资产原值_t - 固定资产原值_{t-1} \tag{4}$$

新增资本存量换算为全口径投资额后，除以固定资产价格指数进行平减，得到可比价全口径投资额，然后根据下式估计出装备制造业各细分行业的资本存量。

$$资本存量_t = 资本存量_{t-1} \times (1 - 折旧率_t) + 可比价全口径投资额_{t-1} \tag{5}$$

三、中国装备制造业发展的特征事实

本文将从投入 − 产出视角描绘 1990 ~ 2017 年中国装备制造业各细分行业发展的特征事实。其中，投入包括装备制造业各细分行业就业人数、资本存量和 R&D 经费内部支出；产出是指装备制造业各细分行业的工业增加值。

中国装备制造业七个细分行业就业人数的变化趋势如图 1 所示。从整体来看，中国装备制造业就业人数呈波动上升趋势，年增长率为 1.6%。1990 ~ 1997 年中国装备制造业就业人数稳步上升；1998 ~ 2002 年中国装备制造业就业人数大幅下滑；自 2003 年开始中国装备制造业就业人数呈现稳步上升趋势；在历经 12 年的上升期后，自 2015 年开始中国装备制造业就业人数略有下降。从各细分行业来看，①电子通信制造业就业人数的增长趋势最为明显，年增长率高达 6.4%。1990 年电子通信制造业就业人数占比为 7.8%，仅高于仪器仪表制造业就业人数占比，然而经过近三十年的发展，2017 年电子通信制造业就业人数占比上升至 26.9%，一跃成为装备制造业中吸纳就业人数最多的行业。这是因为自加入 WTO 以来中国电子通信制造业主要通过代工切入全球电子通信产业链分工，目前仍未彻底摆脱劳动密集型生产方式，产业优势主要集中在产业链的低端加工制造环节。②交通运输制造业和电气机械制造业就业人数的增速也较为明显，年增长率分别为 2.6% 和 2.8%。2017 年交通运输制造业和电气机械制造业就业人数占比分别为 19.4% 和 17.8%，比 1990 年增加 4 个百分点以上。③金属制品业和仪器仪表制造业就业人数较为稳定，年增长率分别为 0.6% 和 0.9%。2017 年这两个行业就业人数占比相较 1990 年略有下降。④通用设备制造业和专用设备制造业就业人数则明显下降，年增长率分别为 -1.1% 和 -1.0%。1990 年通用设备和专用设备制造业就业人数占比分别为 26.6% 和 20.1%，在七个细分行业中居于第一和第二位；2017 年通用设备和专用设备制造业就业人数占比分别下降至 12.6% 和 9.8%，在七个细分行业中居于第四和第六位。

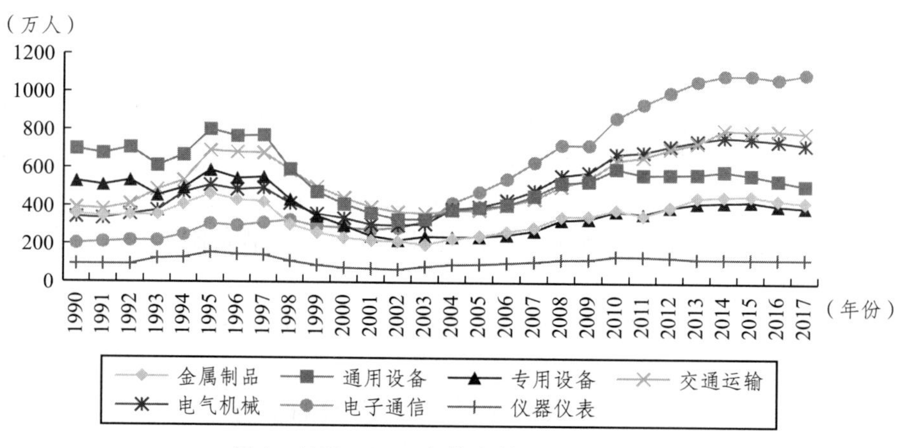

图 1 1990 ~ 2017 年装备制造业就业人数

资料来源：装备制造业就业人数、工业增加值来自历年《中国工业统计年鉴》，装备制造业资本存量通过计算所得，装备制造业 R&D 经费内部支出来自历年《中国科技统计年鉴》。

中国装备制造业七个细分行业资本存量的变化趋势如图 2 所示。从整体来看，中国装备制造业资本存量保持稳定增长的趋势，年增长率为 12.2%。但是，该行业资本存量年增长率呈倒“V”型变化趋势，以 1998 年为分水岭，1990 ~ 1997 年装备制造业资本存量增速较快，1998 ~ 2017 年增速明显放缓。从各细分行业来看，①电子通信制造业资本存量增速明显，年增长率达到15.9%。该行业资本存量占比也显著增加，由1990年的10.1%上升为2017年的24.3%。②交通运输制造业和电气机械制造业资本存量增速也较快，年增长率分别为13.7%和13.0%。这两个行业资本存量占比也明显增加，由1990年的18.1%和13.0%上升为2017年的26.1%和15.7%。③金属制品业和仪器仪表制造业资本存量增速与行业平均水平相当，年增长率分别为12.3%和10.8%。这两个行业资本存量占比较小，均不足10%。④通用设备制造业和专用设备制造业资本存量增速缓慢，分别为9.0%和9.4%，低于行业平均水平，且这两个行业资本存量占比下降明显，分别由1990年的26.3%和20.1%下降为2017年的11.9%和10.2%。

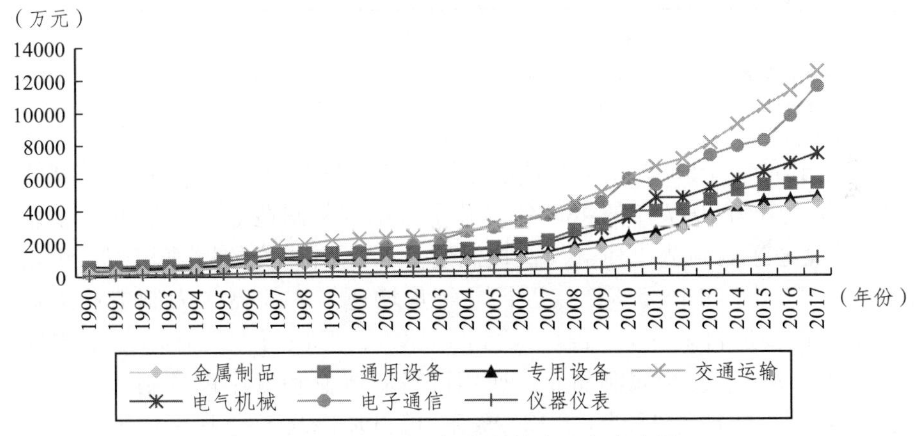

图2　1990～2017年装备制造业资本存量

资料来源：装备制造业就业人数、工业增加值来自历年《中国工业统计年鉴》，装备制造业资本存量通过计算所得，装备制造业R&D经费内部支出来自历年《中国科技统计年鉴》。

中国装备制造业七个细分行业R&D经费内部支出的变化趋势如图3所示。从整体来看，中国装备制造业R&D经费内部支出也呈现不断上升的趋势，年增长率为18.7%。从各细分行业来看，①电子通信制造业、交通运输制造业和电气机械制造业增速较快，年增长率分别为21.1%、19.5%和21.2%。这三个行业R&D经费内部支出之和占装备制造业R&D经费内部支出的比重从1990年的47.6%上升为2017年的71.9%，接近整个装备制造业R&D经费内部支出的3/4。②金属制品业和仪器仪表制造业R&D经费内部支出增速也较快，年增长率分别为22.9%和18.3%，但这两个行业R&D经费内部支出占比较小。③通用设备制造业和专用设备制造业R&D经费内部支出变化趋势大致相当，相对装备制造业其他细分行业而言，这两个行业的R&D经费内部支出增速较低，年增长率分别为14.9%和15.0%。

中国装备制造业七个细分行业工业增加值的变化趋势如图4所示。从整体来看，中国装备制造业工业增加值呈持续上升趋势，年增长率为17.1%。从各细分行业来看，①电子通信制造业工业增加值年增长率高达23.3%，遥

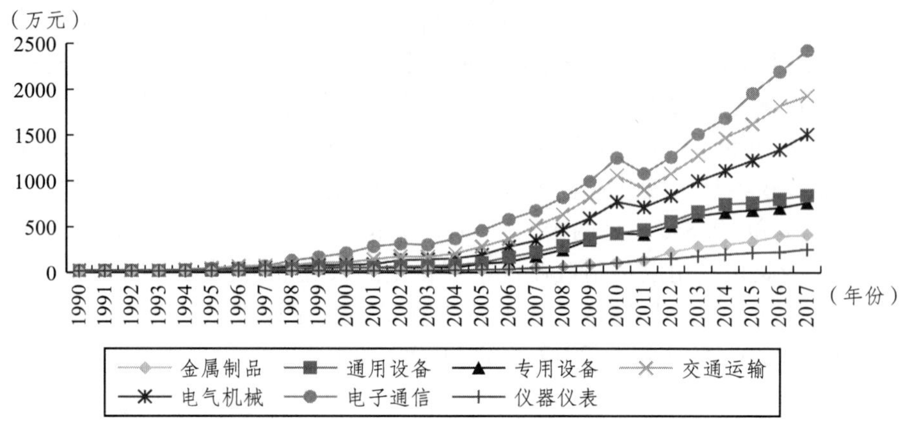

图 3　1990 ~ 2017 年装备制造业 R&D 经费内部支出

资料来源：装备制造业就业人数、工业增加值来自历年《中国工业统计年鉴》，装备制造业资本存量通过计算所得，装备制造业 R&D 经费内部支出来自历年《中国科技统计年鉴》。

遥领先于其他六个装备制造业细分行业。该行业工业增加值占比由 1990 年的 12.0% 上升为 2017 年的 48.2%，几乎占据装备制造业增加值的“半壁江山”。②交通运输制造业和电气机械制造业工业增加值的增速相当，年增长率分别为 17.0% 和 16.5%，接近行业年均增速。③仪器仪表制造业工业增加值增速也接近行业年均增速，达到 16.8%，但该行业工业增加值占比较小，仅为 3.4%。④金属制品业、通用设备制造业和专用设备制造业工业增加值年增长率分别为 13.5%、12.9% 和 12.3%，低于行业年均增速，且这三个行业工业增加值占比也由 1990 年的 11.5%、23.5% 和 17.0% 分别下滑至 2017 年 5.0%、8.7% 和 5.5%。金属制品、通用设备和专用设备制造业具有明显的周期性特点，随着中国经济增长速度放缓，这三个细分行业受到明显冲击，行业扩张速度放缓。

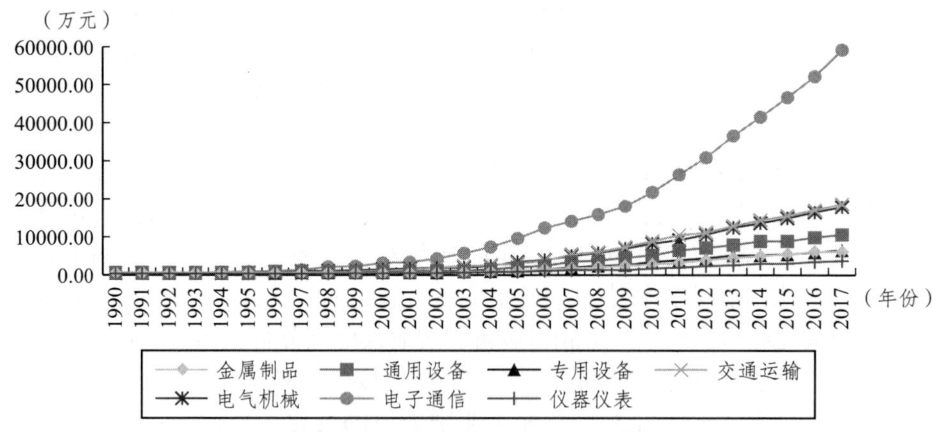

图 4　1990 ~ 2017 年装备制造业工业增加值

资料来源：装备制造业就业人数、工业增加值来自历年《中国工业统计年鉴》，装备制造业资本存量通过计算所得，装备制造业 R&D 经费内部支出来自历年《中国科技统计年鉴》。

借鉴 Foster（1986）提出的 S 曲线模型，本文采用 Loglet Lab 2 软件对中国装备制造业各细分行业的工业增加值进行 S 曲线拟合，以进一步分析装备制造业发展情况，结果如表 1 和图 5 所示。表 1 中反曲点为 S 曲线二次微分为 0 的点，在该点各行业累计工业增加值增长率达到极大值。在反曲点之前，各行业累计工业增加值增长率不断增加，产业处在成长期；在反曲点之后，各行业累计工业增加值增长率不断下降，产业进入成熟期。成长时间表示产业成长期和成熟期所经历的时间长度。最终，当各行业累计工业增加值无限接近饱和值时，产业进入衰退期。

从表 1 和图 5 可以看出，中国装备制造业各细分行业 S 曲线的反曲点分布于 2019 ~ 2026 年之间，表明现阶段各细分行业目前正处于或即将进入成熟期。正如 Dent（2009）在其著作《下一轮经济周期》里所写："如果知道你所在的某一技术或产品生命周期的具体阶段，你就会知道接下来将发生什么。震荡或者萧条期自然而然会在增长繁荣期或者泡沫之后到来"。因此，从 S 曲线来看，中国装备制造业正处于增长动力转换的关键时期。

表 1　中国装备制造业发展 S 曲线拟合参数值

行业名称	反曲点	成长时间	成长期	成熟期	衰退期
装备制造业	2020 年	21 年	2010 ~ 2019 年	2020 ~ 2030 年	2031 年
金属制品	2026 年	26 年	2013 ~ 2025 年	2026 ~ 2038 年	2039 年
通用设备	2021 年	24 年	2009 ~ 2020 年	2021 ~ 2032 年	2033 年
专用设备	2023 年	25 年	2011 ~ 2022 年	2023 ~ 2035 年	2036 年
交通运输	2020 年	22 年	2009 ~ 2019 年	2020 ~ 2030 年	2031 年
电气机械	2021 年	23 年	2010 ~ 2020 年	2021 ~ 2032 年	2033 年
电子通信	2019 年	19 年	2010 ~ 2018 年	2019 ~ 2028 年	2029 年
仪器仪表	2020 年	22 年	2009 ~ 2019 年	2020 ~ 2030 年	2031 年

资料来源：历年《中国工业统计年鉴》。

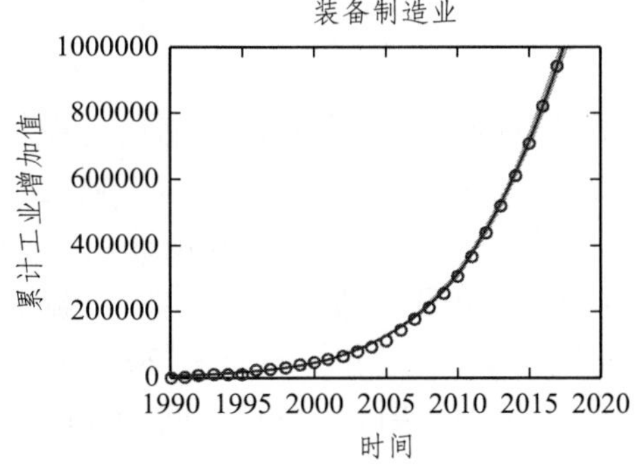

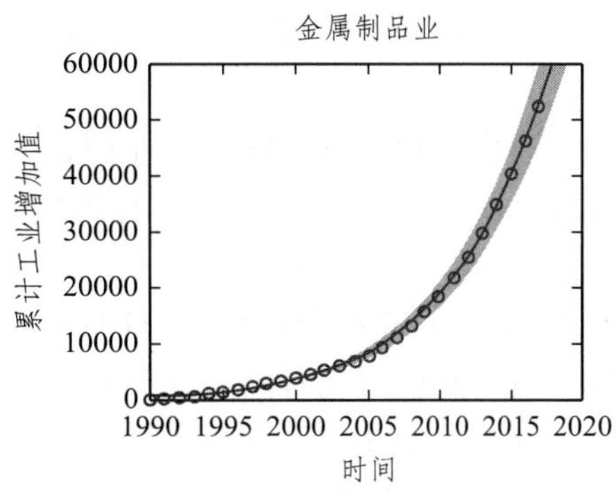

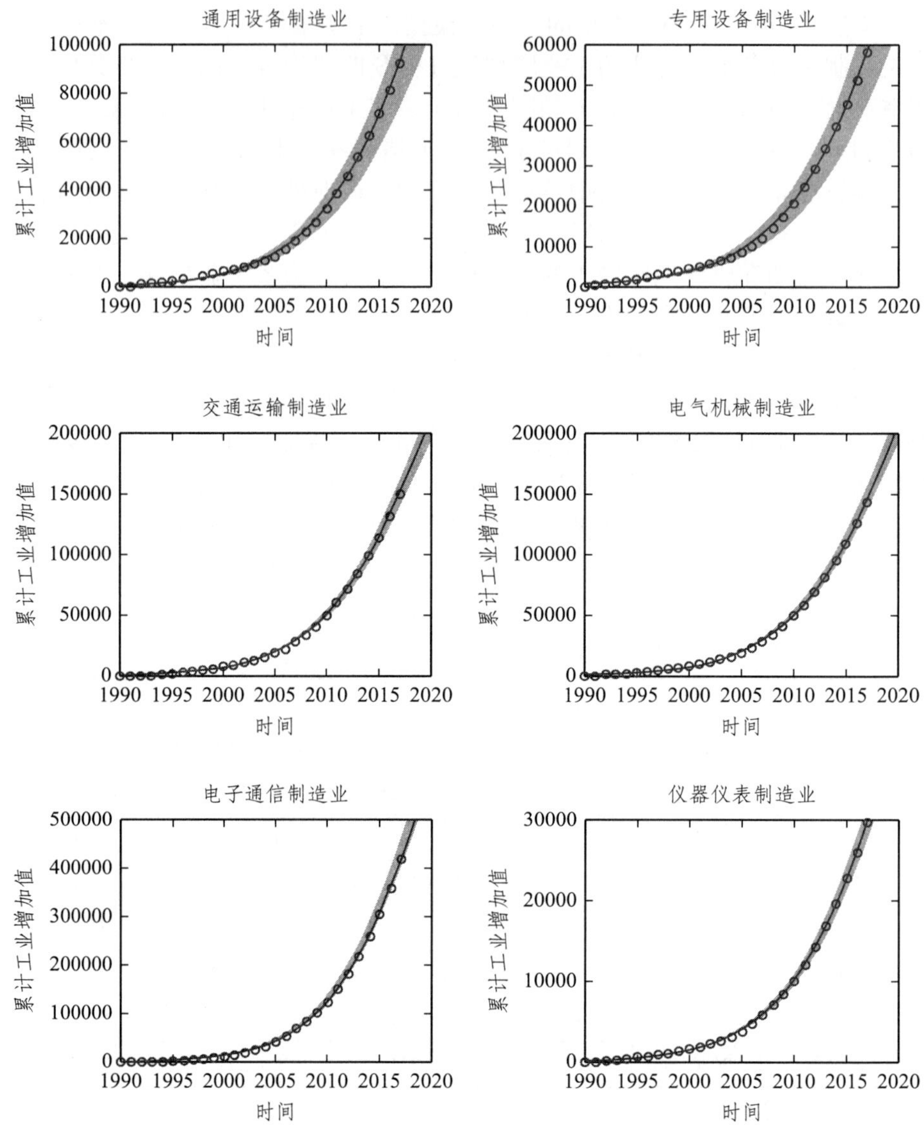

图 5 1990～2020 年中国装备制造业各细分行业工业增加值 S 曲线拟合图

资料来源：历年《中国工业统计年鉴》。

就装备制造业各细分行业而言，电子设备制造业、交通运输制造业和仪器仪表制造业的反曲点出现在近两年，成长时间为 19～22 年，如果缺乏新增长动力的注入，即没有第二条 S 曲线启动的情况下，这些行业预计在 2029 年或 2031 年进入衰退期；通用设备制造业、专用设备制造业和电气机械制造业的反曲点出现时间稍晚一些，成长时间为 23～25 年，预计在 2033 年或 2036 年进入衰退期；金属制品业的反曲点出现时间最晚，成长时间为 26 年，预计在 2039 年进入衰退期。

综上，本文对1990～2017年中国装备制造业发展的特征事实做出两个基本判断：一是，中国装备制造业各细分行业目前正处于或即将进入产业成熟期，衰退期自然而然会在成熟期之后到来，因此，现阶段正是装备制造业启动第二条S曲线、培育增长新动力的关键时期。二是，中国装备制造业各细分行业的增长趋势存在明显差异。电子通信制造业全面崛起，交通运输制造业和电气机械制造业稳步增长，通用设备制造业、专用设备制造业和金属制品业明显衰落，仪器仪表制造业维持稳定。

尽管中国装备制造业各细分行业的增长趋势存在明显差异，但是，在1990～2017年整体上中国装备制造业年均增长率达到17.1%，装备制造业工业增加值占比也由1990年的16%上升到2017年的32.7%。那么，在中国装备制造业产出增长过程中，劳动力、资本和研发投入究竟发挥了怎样的驱动作用？这些要素对中国装备制造业产出增长的驱动作用呈现怎样的历史演化规律？对这两个问题的回答还需要进一步的实证。

四、中国装备制造业增长动力转换实证

（一）基准回归分析

本文采用经典的柯布－道格拉斯（C－D）生产函数模型：

$$Y = A_0 L^{\alpha_1} K^{\alpha_2} e^{\varepsilon} \tag{6}$$

其中，Y为产出水平，A_0为内生技术水平，L为劳动投入，K为资本投入，ε为残余项，α_1和α_2分别为劳动投入和资本投入的产出弹性。由于创新能力是影响产出水平的重要因素，因此该模型可拓展为：

$$Y = AL^{\alpha_1} K^{\alpha_2} R^{\alpha_3} e^{\varepsilon} \tag{7}$$

其中，A表示内生技术水平中扣除创新效应的剩余值，R表示研发投入，α_3表示研发投入的产出弹性。将式（7）两边同时取对数，同时考虑个体因素和时间序列因素，得到本文的基准回归模型：

$$\ln Y_{it} = \alpha_0 + \alpha_1 \ln L_{it} + \alpha_2 \ln K_{it} + \alpha_3 \ln R_{it} + \mu_{it} \tag{8}$$

其中，产出水平Y采用装备制造业各细分行业工业增加值衡量，劳动投入L采用装备制造业各细分行业就业人数衡量，资本投入K采用装备制造业各细分行业资本存量衡量，研发投入R采用装备制造业各细分行业R&D经费内部支出衡量。

本文利用Wald检验、Wooldridge检验和LM检验分别对面板数据组间异方差、组内自相关和组间同期相关进行检验，结果发现这三种问题均存在。鉴于此，本文采用全面FGLS和迭代FGLS估计模型进行分析，其中包括各组自回归系数相同的组内自相关（AR1）、允许各组自回归系数不同的组内自相关（PSAR1）、迭代算法下各组自回归系数相同的组内自相关（AR1＋

IGLS）以及迭代算法下允许各组自回归系数不同的组内自相关（PSAR1 + IGLS）四种情形，基准回归结果如表 2 所示。

表 2 全面 FGLS 和迭代 FGLS 估计模型整个时间段回归结果

变量	AR1	PSAR1	AR1 + IGLS	PSAR1 + IGLS
lnL	0. 4294 *** （0. 0839）	0. 5497 *** （0. 0778）	0. 5662 *** （0. 0770）	0. 6115 *** （0. 0693）
lnK	0. 2367 *** （0. 0733）	0. 2311 *** （0. 0722）	0. 0907 （0. 0693）	0. 1704 *** （0. 0645）
lnR	0. 1424 *** （0. 0223）	0. 1350 *** （0. 0262）	0. 0786 *** （0. 0191）	0. 1463 *** （0. 0242）
C	-0. 0498 *** （0. 3190）	-0. 5439 ** （0. 2353）	0. 7172 ** （0. 3359）	-0. 4798 ** （0. 2210）
t	0. 0911 （0. 0097）	0. 0899 *** （0. 0080）	0. 1200 *** （0. 0092）	0. 0877 *** （0. 0065）
N	196	196	196	196

注：*、**、*** 分别表示 10%、5% 和 1% 的显著性水平；括号内数值为标准差。

由表 2 中模型的估计结果可以看出，虽然每种情形下各变量的估计系数不尽相同，但各变量的回归系数均为正，并且除 AR1 + IGLS 情形下资本存量的回归系数未通过显著性检验之外，其他情形下各变量的回归系数均显著为正。在四种估计方法下，劳动投入每增加 1 个百分点，产出增加约 0. 54 个百分点；资本投入每增加 1 个百分点，产出增加约 0. 21 个百分点；研发投入每增加 1 个百分点，产出增加约 0. 13 个百分点。由此可以发现，1990 ~ 2017 年中国装备制造业增长动力主要来自劳动投入，其次是资本投入，最后是研发投入，与苏杭等（2017）从制造业整体层面考察要素投入在产业升级中的作用得到的结论基本吻合。因此，制造业增长动力来源为“劳动力投入 > 资本投入 > 研发投入”，这一适用于制造业整体的结论也适用于解释装备制造业的发展。作为发展中的人口大国，中国劳动力要素丰裕，但资本和技术相对稀缺，劳动力成本低廉是中国装备制造业发展过程中最为重要的比较优势来源。根据新古典增长模型，劳动力供给充足，劳动力素质因新成长劳动力的不断增加而得到改善，持续降低的人口抚养比有利于提高储蓄率从而提高资本积累率，劳动力无限供给延缓了资本报酬递减，再加上技术进步的驱动，全要素生产率提高，中国装备制造业保持高速增长。

（二）分段回归分析

借鉴郑江淮等（2018）的研究，本文以 2001 年和 2008 年为分界点，将考察期（1990～2017年）划分为1990～2001年、2002～2008年和2009～2017年3个时间段。之所以选择2001年和2008年作为时间节点，一是，考虑到从2001年中国加入WTO以来，外向型经济促进中国经济增长动能发生第一次重大转换，带动了工业化、城市化的迅速发展；二是，2008年全球金融危机爆发，经济发展受到冲击，出现了资源配置扭曲、经济结构失衡的现象，之后持续宽松的宏观经济政策使得投资动能得到增强。

在模型（8）中引入虚拟变量 D_1、D_2 以及虚拟变量 D_1、D_2 和原变量的交互值，如下：

$$\ln Y_{it}=\alpha_0+\alpha_1\ln L_{it}+\alpha_2\ln K_{it}+\alpha_3\ln R_{it}+\gamma_1 D_1+\gamma_2 D_2+\delta_1 D_1\ln L_{it}+\delta_2 D_1\ln K_{it}+\delta_3 D_1\ln R_{it}+\delta_4 D_2\ln L_{it}+\delta_5 D_2\ln K_{it}+\delta_6 D_2\ln R_{it}+\mu_{it} \tag{9}$$

其中，当2001年后，D_1 取值为1，否则为0；当金融危机事件发生后（即2008年后），D_2 取值为1，否则为0。因此模型（9）等价于：

$$\ln Y_{it}=\alpha_0+\alpha_1\ln L_{it}+\alpha_2\ln K_{it}+\alpha_3\ln R_{it}+\mu_{it},\quad t\leqslant 2001 \tag{10}$$

$$\ln Y_{it}=\alpha_0+\gamma_1+(\alpha_1+\delta_1)\ln L_{it}+(\alpha_2+\delta_2)\ln K_{it}+(\alpha_3+\delta_3)\ln R_{it}+\mu_{it},\quad 2001<t\leqslant 2008 \tag{11}$$

$$\ln Y_{it}=\alpha_0+\gamma_1+\gamma_2+(\alpha_1+\delta_1+\delta_4)\ln L_{it}+(\alpha_2+\delta_2+\delta_5)\ln K_{it}+(\alpha_3+\delta_3+\delta_6)\ln R_{it}+\mu_{it},\quad t>2008 \tag{12}$$

本文依然采用全面FGLS和迭代FGLS估计模型进行分段回归，利用AR1、PSAR1、AR1+IGLS和PSAR1+IGLS四种方法对1990～2001年、2002～2008年和2009～2017年3个时间段进行回归，回归结果如表3所示。

表3　全面FGLS和迭代FGLS估计模型分段回归结果

时间段	变量	AR1	PSAR1	AR1+IGLS	PSAR1+IGLS
1990～2001年	lnL	0.3256*** (0.0949)	0.3912*** (0.0878)	0.4311*** (0.0856)	0.4059*** (0.0848)
	lnK	0.3817*** (0.0952)	0.3288*** (0.0850)	0.3067*** (0.0859)	0.4220*** (0.0824)
	lnR	0.1068*** (0.0295)	0.1209*** (0.0285)	0.0731*** (0.0232)	0.1048*** (0.0274)
	C	0.0508 (0.3460)	-0.0831 (0.3059)	0.2301 (0.3195)	-0.3813 (0.2753)
2002～2008年	lnL	0.4885 (0.1622)	0.4395 (0.1316)	0.5640 (0.1476)	0.3632 (0.1198)
	lnK	0.2538 (0.1424)	0.2355 (0.1191)	0.1910 (0.1303)	0.3606 (0.1171)

续表

时间段	变量	AR1	PSAR1	AR1 + IGLS	PSAR1 + IGLS
2002 ~ 2008 年	lnR	0. 1406 (0. 0289)	0. 2054 ** (0. 0336)	0. 0809 (0. 0216)	0. 1941 *** (0. 0341)
	C	-0. 271 (0. 3237)	-0. 7377 ** (0. 3230)	0. 3731 (0. 3250)	-0. 8537 * (0. 2736)
2009 ~ 2017 年	lnL	0. 7827 * (0. 1536)	0. 6855 * (0. 1403)	0. 8824 ** (0. 1383)	0. 6403 ** (0. 1237)
	lnK	0. 0232 * (0. 1251)	0. 0199 * (0. 1216)	-0. 0698 ** (0. 1156)	0. 0882 ** (0. 1199)
	lnR	0. 1648 (0. 0354)	0. 2554 (0. 0440)	0. 0933 (0. 0274)	0. 2713 * (0. 0436)
	C	-0. 5945 (0. 4271)	-1. 308 (0. 4528)	0. 3353 (0. 4096)	-1. 5909 * (0. 3816)
t		0. 0827 (0. 0102)	0. 0740 (0. 0092)	0. 1029 (0. 0092)	0. 0629 (0. 0086)

注：*、**、*** 分别表示 10%、5% 和 1% 的显著性水平；括号内数值为标准差。

（1）1990 ~ 2001 年。这一时期劳动、资本和研发投入对装备制造业产出水平的影响均显著为正。劳动和资本投入对装备制造业产出水平的影响相当，劳动投入每增加 1 个百分点，产出增加约 0. 39 个百分点；资本投入每增加 1 个百分点，产出增加约 0. 36 个百分点。研发投入对装备制造业产出水平的影响相对较小，研发投入每增加 1 个百分点，产出增加约 0. 10 个百分点。这表明在这一时期中国装备制造业增长动力来源为“劳动力投入 > 资本投入 > 研发投入”。原因可能在于：一是，中国作为人口大国，其要素禀赋结构决定了劳动投入对装备制造业的发展具有强大的推动力。二是，改革开放后，中国不断加大引进外资的力度，同时又注重依靠内部储蓄进行资本积累，显著促进了装备制造业产出的增长。三是，这一时期美国等发达国家为降低制造成本纷纷开展“去工业化”和产业转移，作为国际产业转移的一个主要接受国和受益者，中国装备制造业企业加大了技术开发的投入力度，促进了装备制造业的增长。

（2）2002 ~ 2008 年。这一时期劳动和资本投入对装备制造业产出水平的影响为正，但并不显著；研发投入对装备制造业产出水平的影响显著为正，研发投入每增加 1 个百分点，产出增加约 0. 20 个百分点。这一时期研发投入成为中国装备制造业增长的重要驱动力量，原因主要在于：2002 年中国在十六大报告中明确指出：“用高新技术和先进适用技术改造传统产业，大力振兴装备制造业”，国家通过设立技术引进消化吸收再创新专项资金，加大了对引进技术、设备进行消化吸收再创新的资金投入，使得研发投入对装备制造业产出增长的驱动作用明显提升。

（3）2009～2017年。这一时期劳动投入对装备制造业产出水平的影响显著为正，劳动投入每增加1个百分点，产出增加约0.75个百分点；资本投入对装备制造业产出水平的影响较小，且影响方向不一致；研发投入对装备制造业产出水平的影响也显著为正，研发投入每增加1个百分点，产出增加约0.27个百分点。这一时期中国装备制造业增长动力来源为“劳动力投入>研发投入>资本投入”。可能的解释是：其一，尽管高端装备制造业发展迅速，但这一时期中国装备制造业仍以中低端为主，劳动力依然是最大的比较优势。尽管中国劳动力成本与改革开放初期相比有所上升，但从国际对比来看，中国劳动力成本仍处于世界较低水平（刘培林、刘孟德，2020）。其二，2008年国际金融危机之后，依赖高储蓄、高投资的粗放型产业发展模式难以为继，资本的过度积累带来资本边际报酬加速递减，导致资本投入对装备制造业产出增长的影响较小，甚至为负。其三，尽管改革开放后中国装备制造业发展迅速，但却是“大而不强”，2008年国际金融危机更加凸显我国装备制造企业自主创新能力薄弱对产业发展的制约作用。为了增强企业自主创新能力，中国颁布《装备制造业调整和振兴规划》，通过加大技术改造投入，努力推进装备制造业由大到强的转变。

通过进一步对比3个时间段各生产要素对装备制造业产出增长的驱动作用，发现劳动和研发投入的回归系数明显变大，资本投入的回归系数明显变小。这表明随着时间推移，劳动和研发投入对装备制造业产出增长的驱动作用明显增强，而资本投入的驱动作用明显减弱。这一结果与针对中国制造业整体的研究得到的结论存在偏差。现有研究认为，从整体来看中国制造业遵循“劳动力要素驱动－资本要素驱动－研发投入驱动”的增长动力转换路径。就中国制造业目前所处的增长动力转换阶段而言，苏杭等（2017）认为当前中国制造业发展正面临由劳动力要素驱动向资本要素驱动的转变，王家庭等（2019）则认为支撑中国制造业保持稳定增长的动力正逐渐由资本驱动转向技术驱动。与针对中国制造业整体的研究结论不同，本文发现中国装备制造业遵循“劳动力要素驱动－研发投入驱动－资本要素驱动”的增长动力转换路径，尽管研发投入对装备制造业产出增长的驱动作用逐渐增强，但现阶段中国装备制造业增长动力并未转换为创新驱动。这一结果意味着未来一段时期内中国装备制造业产出增长存在着依靠劳动力要素和研发投入“双轮驱动”的可能性。本文将从以下两方面进行解释：第一，改革开放以来，特别是加入WTO之后，中国装备制造企业积极融入全球价值链，较快地实现了工艺流程和产品升级。在此过程中，通过与资本、技术等要素进行融合，劳动力要素得到充分利用，劳动力质量也明显提升。另外，目前中国劳动力供给在总量上仍有过剩，利用劳动力比较优势参与全球价值链分工依然存在较大空间（约翰·奈特等，2011；杨继军、范从来，2015）。第二，自 2008 年金融危机过后，中国重新审视装备制造业比较优势的动态变化，不断加大研发投入力度，寻找新的产业增长点。研发驱动是在劳动、资本等要素不断积累的基础上发展而来的，生产领域的创新逐渐渗透至其他部门，资源配置效率不断提高，装备制造业将从粗放的物质投入型转向集约化的技术知识投入型。

（三）异质性分析

考虑到行业具有异质性，并结合前文对 1990 ~ 2017 年中国装备制造业发展的特征事实做出的基本判断，本文将七个细分行业分为两组，其中，工业增加值占比较低的通用设备制造业、专用设备制造业、金属制品业和仪器仪表制造业为第一组，工业增加值占比较高的电子通信制造业、交通运输制造业和电气机械制造业为第二组。本文依然采用全面 FGLS 和迭代 FGLS 估计模型进行异质性回归，利用 AR1、PSAR1、AR1 + IGLS 和 PSAR1 + IGLS 四种方法分别对两组样本进行总体和分段回归。通用设备、专用设备、金属制品和仪器仪表制造业分样本整个时间段和分段回归结果分别如表 4 和表 5 所示；电子通信、交通运输和电气机械制造业分样本整个时间段和分段回归结果分别如表 6 和表 7 所示。

表 4　通用设备、专用设备、金属制品和仪器仪表制造业分样本整个时间段回归结果

变量	AR1	PSAR1	AR1 + IGLS	PSAR1 + IGLS
lnL	0. 6640 *** (0. 1231)	0. 6304 *** (0. 1268)	0. 7303 *** (0. 1190)	0. 7186 *** (0. 1237)
lnK	0. 0732 (0. 1182)	0. 0978 (0. 1177)	0. 0846 (0. 1153)	0. 0549 (0. 1155)
lnR	0. 0404 (0. 0328)	0. 0626 ** (0. 0301)	0. 0203 (0. 0285)	0. 0490 * (0. 0271)
C	0. 3717 (0. 3450)	0. 2716 (0. 2908)	0. 0801 (0. 3125)	0. 1510 (0. 2678)
t	0. 1210 *** (0. 0128)	0. 1151 *** (0. 0130)	0. 1292 *** (0. 0126)	0. 1230 *** (0. 0129)
N	112	112	112	112

注：*、**、*** 分别表示 10%、5% 和 1% 的显著性水平；括号内数值为标准差。

表5　通用设备、专用设备、金属制品和仪器仪表制造业分段回归结果

时间段	变量	AR1	PSAR1	AR1 + IGLS	PSAR1 + IGLS
1990～2001年	lnL	0.7644 *** (0.1004)	0.6118 *** (0.0858)	0.8067 *** (0.1016)	0.6440 *** (0.0756)
	lnK	0.0788 (0.1036)	0.2261 *** (0.0865)	0.1294 (0.1030)	0.2582 *** (0.0746)
	lnR	-0.0167 (0.0329)	-0.0104 (0.0266)	-0.0506 ** (0.0249)	-0.0255 (0.0186)
	C	0.3326 (0.2886)	0.3284 (0.2412)	0.1142 (0.2509)	0.1139 (0.1955)
2002～2008年	lnL	1.2246 (0.3399)	0.8899 (0.2897)	0.7251 (0.2317)	0.5863 (0.2308)
	lnK	-0.5079 * (0.1424)	-0.2415 * (0.2748)	0.0975 (0.2344)	0.1092 (0.2333)
	lnR	0.1423 *** (0.0289)	0.1459 *** (0.0456)	0.0335 ** (0.0424)	0.0959 *** (0.0342)
	C	0.3326 (0.4316)	0.0478 (0.3415)	-0.2378 (0.3839)	-0.2093 (0.2637)
2009～2017年	lnL	1.3668 (0.3966)	1.1563 (0.3527)	1.5313 *** (0.2797)	1.3035 ** (0.2964)
	lnK	-0.7031 (0.3805)	-0.5946 (0.3349)	-0.7293 *** (0.2869)	-0.6555 ** (0.3020)
	lnR	0.2540 (0.0861)	0.2978 ** (0.0725)	0.2212 *** (0.0678)	0.2958 *** (0.0643)
	C	-0.6195 (0.7566)	-1.0849 * (0.6190)	-1.4959 ** (0.6264)	-1.6699 *** (0.4749)
t		0.1303 *** (0.0124)	0.1212 *** (0.0115)	0.1401 *** (0.0121)	0.1310 *** (0.0101)

注：*、**、*** 分别表示10%、5%和1%的显著性水平；括号内数值为标准差。

表6　电子通信、交通运输和电气机械制造业分样本整个时间段回归结果

变量	AR1	PSAR1	AR1 + IGLS	PSAR1 + IGLS
lnL	0.3037 ** (0.1322)	0.3117 ** (0.1241)	0.2621 ** (0.1133)	0.2898 *** (0.1069)
lnK	0.0888 (0.1326)	0.0558 (0.1181)	-0.0018 (0.1018)	-0.0320 (0.0944)

续表

变量	AR1	PSAR1	AR1 + IGLS	PSAR1 + IGLS
lnR	0. 2490 *** (0. 0953)	0. 2055 ** (0. 0903)	0. 1370 * (0. 0809)	0. 1516 * (0. 0776)
C	0. 3425 (1. 1332)	0. 9956 (1. 0485)	2. 4467 *** (0. 9343)	2. 2923 *** (0. 8831)
t	0. 1039 *** (0. 0169)	0. 1112 *** (0. 0154)	0. 1261 *** (0. 0140)	0. 1220 *** (0. 0134)
N	84	84	84	84

注：*、**、*** 分别表示 10%、5%和 1%的显著性水平；括号内数值为标准差。

表 7 电子通信、交通运输和电气机械制造业分段回归结果

时间段	变量	AR1	PSAR1	AR1 + IGLS	PSAR1 + IGLS
1990 ~ 2001 年	lnL	-0. 0252 (0. 2081)	0. 0178 (0. 1978)	0. 2161 * (0. 1252)	0. 1862 (0. 1196)
	lnK	0. 2090 (0. 2465)	0. 1219 (0. 2341)	-0. 1948 (0. 1383)	-0. 2064 * (0. 1244)
	lnR	0. 4567 *** (0. 1479)	0. 4376 *** (0. 1446)	0. 2331 *** (0. 0882)	0. 2282 *** (0. 0779)
	C	-0. 7593 (1. 5073)	-0. 2778 (1. 4472)	3. 0265 *** (0. 8015)	3. 3629 *** (0. 7410)
2002 ~ 2008 年	lnL	0. 3756 (0. 4209)	0. 3610 (0. 4134)	0. 0101 (0. 3039)	0. 0825 (0. 2820)
	lnK	-0. 2393 (0. 3195)	-0. 2265 (0. 3041)	-0. 1059 (0. 1829)	-0. 1257 (0. 1679)
	lnR	0. 8498 * (0. 2306)	0. 7654 (0. 2214)	0. 4909 * (0. 1473)	0. 5102 ** (0. 1278)
	C	-5. 3032 ** (2. 0888)	-4. 3061 ** (2. 0396)	-0. 0671 ** (1. 4947)	-0. 5794 *** (1. 4203)
2009 ~ 2017 年	lnL	1. 8952 *** (0. 5041)	1. 8391 *** (0. 5037)	0. 9810 ** (0. 4420)	0. 8590 * (0. 4089)
	lnK	-0. 1955 (0. 3376)	-0. 1803 (0. 3202)	0. 0946 (0. 1712)	0. 0763 (0. 1599)
	lnR	0. 4051 (0. 4007)	0. 3231 (0. 3847)	0. 0367 ** (0. 2243)	0. 0775 ** (0. 2117)

续表

时间段	变量	AR1	PSAR1	AR1 + IGLS	PSAR1 + IGLS
2009～2017 年	C	−8.5694 (3.0290)	−7.3353 (2.9573)	−0.7430 (2.5161)	−0.3742 (2.2944)
	t	0.0326 (0.0214)	0.0452 ** (0.0209)	0.0805 *** (0.0146)	0.0760 *** (0.0143)

注：*、**、*** 分别表示 10%、5% 和 1% 的显著性水平；括号内数值为标准差。

由表 4 的估计结果可以看出，劳动投入对通用设备、专用设备、金属制品和仪器仪表制造业产出水平的影响显著为正，劳动投入每增加 1 个百分点，产出增加约 0.69 个百分点；资本投入的影响较小，且不显著；研发投入对产出水平的影响也显著为正，但影响较小，研发投入每增加 1 个百分点，产出增加约 0.06 个百分点。这表明通用设备、专用设备、金属制品和仪器仪表制造业增长动力主要来自劳动力，资本投入和研发投入对产出增长的驱动作用较弱。这一估计结果与该组四个细分行业的特性存在密切关联，通用设备和专用设备制造业中产品的生产组织过程十分复杂，而金属制品和仪器仪表制造业中产品的生产存在定制化设计、定制化装配等要求，这些行业的生产过程均需要大量劳动力介入才能顺利完成。

由表 5 的估计结果可以看出，随着时间推移，劳动投入对通用设备、专用设备、金属制品和仪器仪表制造业产出水平的影响增强，资本投入的影响减弱，研发投入的影响增强，意味着通用设备、专用设备、金属制品和仪器仪表制造业产出增长正逐渐由劳动力和资本投入驱动转向劳动力和研发投入驱动。

由表 6 的估计结果可以看出，劳动投入对电子通信、交通运输和电气机械制造业产出水平的影响显著为正，劳动投入每增加 1 个百分点，产出增加约 0.29 个百分点；资本投入对该组分行业产出水平的影响不显著；研发投入对产出水平的影响显著为正，研发投入每增加 1 个百分点，产出增加约 0.19 个百分点。这表明电子通信、交通运输和电气机械制造业增长动力主要来自劳动力和研发投入。但是，劳动力要素对产出增长的驱动作用明显比第一组四个细分行业弱，而研发投入对产出增长的驱动作用明显比第一组四个细分行业强。主要原因在于：与第一组四个细分行业相比，电子通信、交通运输和电气机械制造业在很大程度上涵盖了中国高技术、高附加值属性的高端装备制造业（如航空装备、卫星及应用、轨道交通装备、海洋工程装备和智能制造装备等），因此，劳动投入对第二组三个细分行业产出增长的驱动作用较弱，而研发投入对产出增长的驱动作用较强。

由表 7 的估计结果可以看出，电子通信、交通运输和电气机械制造业产出增长仍旧主要依靠劳动力和研发投入，然而，劳动投入对该组三个细分行业产出水平的影响在逐渐增强，研发投入的影响在逐渐减弱。

（四）稳健性检验

为保证研究结果的稳健性，本文进行如下稳健性检验：通过使用控制组内自相关 PCSE 模型对装备制造业七个细分行业的面板数据进行估计，其中包括各组自回归系数相同（AR1）、允许各组自回归系数不同的组内自相关（PSAR1）两种情形，整体和分段回归结果分别如表 8 和表 9 所示。

表 8 控制组内自相关 PCSE 模型整个时间段回归结果

变量	AR1	PSAR1
lnL	0.3705*** (0.1379)	0.4066*** (0.1319)
lnK	0.2341* (0.1308)	0.2591** (0.1227)
lnR	0.2172*** (0.0520)	0.1956*** (0.0476)
C	-0.6101 (0.5108)	-0.6597* (0.3902)
t	0.0805*** (0.0143)	0.0797*** (0.0127)
R^2	0.8705	0.8620

注：*、**、*** 分别表示 10%、5% 和 1% 的显著性水平；括号内数值为标准差。

表 9 控制组内自相关 PCSE 模型分段回归结果

时间段	变量	AR1	PSAR1
1990~2001 年	lnL	0.2851** (0.1404)	0.3379*** (0.1305)
	lnK	0.3187** (0.1478)	0.2873** (0.1313)
	lnR	0.1812*** (0.0603)	0.1536*** (0.0463)
	C	-0.2065 (0.5304)	0.0148 (0.4533)
2002~2008 年	lnL	0.4919 (0.2305)	0.4741 (0.1995)

续表

时间段	变量	AR1	PSAR1
2002～2008年	lnK	0.1603 (0.2058)	0.1346 (0.1883)
	lnR	0.2432 (0.0582)	0.2254 (0.0539)
	C	-0.9960* (0.4564)	-0.5607 (0.4288)
2009～2017年	lnL	0.8142 (0.2090)	0.6649 (0.1895)
	lnK	-0.0466 (0.1857)	-0.0266 (0.1681)
	lnR	0.2520 (0.0792)	0.2618 (0.0716)
	C	-1.4759 (0.7077)	-1.0294 (0.6073)
t		0.0774*** (0.0140)	0.0799*** (0.0124)
R^2		0.8536	0.6954

注：*、**、*** 分别表示10%、5%和1%的显著性水平；括号内数值为标准差。

从表8中可以看出，在控制组内自相关PCSE模型下，劳动投入、资本投入和研发投入的回归系数显著为正，与全面FGLS估计模型的回归结果一致。劳动投入每增加1个百分点，装备制造业工业增加值约增加0.39个百分点；资本投入每增加1个百分点，装备制造业工业增加值约增加0.25个百分点；研发投入每增加1个百分点，装备制造业工业增加值约增加0.21个百分点。从整体来看，在影响装备制造业的各要素中，依然保持着劳动力要素驱动>资本要素驱动>研发驱动的顺序。

从表9控制组内自相关PCSE模型的分段回归结果中可以看出，在1990～2001年间，各要素投入的回归系数均显著，劳动投入和资本投入对装备制造业产出水平的影响较大，研发投入对装备制造业产出水平的影响较小，与全面FGLS估计模型回归结果一致。而2002～2008年和2009～2017年两个时间段，劳动投入、资本投入和研发投入的回归系数均为正，但并未通过显著性检验。

五、结论与启示

在中国经济由高速增长转向高质量发展的现实背景下，中国装备制造业传统增长动力受供需两侧结构性变化的影响逐渐减弱，亟待进行增长动力重构。为厘清劳动力、资本、创新等生产要素对中国装备制造业产出增长的驱动作用及其演化规律，揭示中国装备制造业增长动力转换的逻辑根源，本文以 1990 ~ 2017 年中国装备制造业七个细分行业为样本，首先刻画了中国装备制造业发展的特征事实，进而对中国装备制造业增长动力转换进行实证，得到了如下结论和启示：

第一，本文发现 1990 ~ 2017 年中国装备制造业七个细分行业发展的特征事实主要包括：一是，中国装备制造业各细分行业目前正处于或即将进入产业成熟期，衰退期自然而然会在成熟期之后到来，因此，现阶段正是装备制造业启动第二条 S 曲线、培育增长新动力的关键时期。二是，中国装备制造业各细分行业的增长趋势存在明显差异。电子通信制造业全面崛起，交通运输制造业和电气机械制造业稳步增长，通用设备制造业、专用设备制造业和金属制品业明显衰落，仪器仪表制造业维持稳定。

第二，结合上述特征事实，本文构建扩展的 C - D 生产函数模型，运用全面 FGLS 和迭代 FGLS 估计模型实证检验劳动力、资本和研发投入在中国装备制造业产出增长过程中所发挥的作用，并进一步考察这些要素对中国装备制造业产出增长的驱动作用随时间变化的规律。实证分析结果表明：（1）从整体回归结果看，与已有关于中国制造业增长动力来源的研究得到的结论一致，就各生产要素对中国装备制造业产出增长的驱动作用而言，中国装备制造业增长仍然遵循“劳动力要素驱动 > 资本要素驱动 > 研发投入驱动”规律。由此可见，这一适用于制造业整体的结论也适用于解释装备制造业。（2）从分段回归结果看，劳动力要素对中国装备制造业产出增长的驱动作用明显提升，资本要素的驱动作用明显减弱，研发投入的驱动作用逐渐增强。尽管研发投入对中国装备制造业产出增长的驱动作用在逐渐增强，但现阶段中国装备制造业增长动力并未完全实现从劳动力和资本驱动向创新驱动的转换，而是存在着“劳动力要素 - 研发投入”双轮驱动的可能性。（3）不同类型的装备制造业细分行业在增长动力来源和增长动力转换路径上均存在明显差异。通用设备、专用设备、金属制品和仪器仪表制造业增长动力主要来自于劳动力要素，但随着研发投入对产业增长的驱动作用增强，产业增长动力正逐渐由依靠劳动力投入驱动转向依靠劳动力和研发投入驱动。电子通信、交通运输和电气机械制造业增长动力主要来自于劳动力和研发投入，然而，从产业增长动力演化规律看，劳动力要素的驱动作用在逐渐增强，研发投入的驱动作用在逐渐减弱。

第三，要实现中国装备制造业高质量发展，关键是要充分依靠高质量劳动力和科技创新催生产业增长新动力。一方面要加强装备制造领域劳动力素质的提升，激发其创新积极性，提高劳动力的产出效率；另一方面要不断增加装备制造业研发投入，重点支持高端装备制造的研发，把原始创新能力提升摆在更加突出的位置。

参考文献

[1] 安同良、魏婕、舒欣：《中国制造业企业创新测度——基于微观创新调查的跨期比较》，载《中国社会科学》2020年第3期。

[2] 陈诗一：《中国工业分行业统计数据估算：1980—2008》，载《经济学（季刊）》2011年第3期。

[3] 樊纲：《“发展悖论”与“发展要素”——发展经济学的基本原理与中国案例》，载《经济学动态》2019年第6期。

[4] 樊纲：《“发展悖论”与发展经济学的“特征性问题”》，载《管理世界》2020年第4期。

[5] 哈瑞·丹特：《下一轮经济周期》，中信出版社2009年版。

[6] 贺俊、吕铁、黄阳华、江鸿：《技术赶超的激励结构与能力积累：中国高铁经验及其政策启示》，载《管理世界》2018年第10期。

[7] 胡亚茹、陈丹丹：《中国高技术产业的全要素生产率增长率分解——兼对“结构红利假说”再检验》，载《中国工业经济》2019年第2期。

[8] 黄群慧、余泳泽、张松林：《互联网发展与制造业生产率提升：内在机制与中国经验》，载《中国工业经济》2019年第8期。

[9] 黄阳华、吕铁：《深化体制改革中的产业创新体系演进——以中国高铁技术赶超为例》载《中国社会科学》2020年第5期。

[10] 黄勇峰、任若恩、刘晓生：《中国制造业资本存量永续盘存法估计》，载《经济学（季刊）》2002年第1期。

[11] 刘培林、刘孟德：《发展的机制：以比较优势战略释放后发优势——与樊纲教授商榷》，载《管理世界》2020年第5期。

[12] 路风：《冲破迷雾——揭开中国高铁技术进步之源》，载《管理世界》2019年第9期。

[13] 欧阳志刚、陈普：《要素禀赋、地方工业行业发展与行业选择》，载《经济研究》2020年第1期。

[14] 沈国兵、袁征宇：《企业互联网化对中国企业创新及出口的影响》，载《经济研究》2020年第1期。

[15] 史丹、张成：《中国制造业产业结构的系统性优化——从产出结构优化和要素结构配套视角的分析》，载《经济研究》2017年第10期。

[16] 苏杭、郑磊、牟逸飞：《要素禀赋与中国制造业产业升级——基于WIOD和中国工业企业数据库的分析》，载《管理世界》2017年第4期。

[17] 王家庭、李艳旭、马洪福、曹清峰：《中国制造业劳动生产率增长动能转换：资本

驱动还是技术驱动》，载《中国工业经济》2019 年第 5 期。

[18] 王一鸣：《中国经济新一轮动力转换与路径选择》，载《管理世界》2017 年第 2 期。

[19] 杨继军、范从来：《“中国制造”对全球经济“大稳健”的影响——基于价值链的实证检验》，载《中国社会科学》2015 年第 10 期。

[20] 叶祥松、刘敬：《政府支持与市场化程度对制造业科技进步的影响》，载《经济研究》2020 年第 5 期。

[21] 尹恒、李世刚：《资源配置效率改善的空间有多大？——基于中国制造业的结构估计》，载《管理世界》2019 年第 12 期。

[22] 余斌、吴振宇：《供需失衡与供给侧结构性改革》，载《管理世界》2017 年第 8 期。

[23] 约翰·奈特、邓曲恒、李实、杨穗：《中国的民工荒与农村剩余劳动力》，载《管理世界》2011 年第 11 期。

[24] 赵子健、傅佳屏：《中国装备制造业的区域差异、影响因素与高端化战略》，载《系统管理学报》2020 年第 1 期。

[25] 郑江淮、宋建、张玉昌、郑玉、姜青克：《中国经济增长新旧动能转换的进展评估》，载《中国工业经济》2018 年第 6 期。

[26] Chen, A. and Groenewold, N., 2019: China's 'New Normal': Is the Growth Slowdown Demand-or Supply – Driven? *China Economic Review*, Vol. 58.

[27] Dutt, A. K., 2006: Aggregate Demand, Aggregate Supply and Economic Growth, *International Review of Applied Economics*, Vol. 20, No. 3.

[28] Ferrás – Hernández, X., Armisen – Morell, A., Sabata – Alberich, A., Tarrats – Pons, E., and Arimany – Serrat, N., 2019: The New Manufacturing: In Search of the Origins of the Next Generation Manufacturing Start – Ups, *International Journal of Innovation and Technology Management*, Vol. 16, No. 2.

[29] Foster, R. N., 1986: Working The S – Curve: Assessing Technological Threats, *Research Management*, Vol. 29, No. 4.

[30] Zhang, Y. and Wan, G., 2005: China's Business Cycles: Perspectives from an AD – AS Model, *Asian Economic Journal*, Vol. 19, No. 4.

The Development of China's Equipment Manufacturing Industry: Characteristics of the Facts and Empirical Evidence of the Driving Force Transformation

Yanyan Ma Jie Liu

Abstract: Under the realistic background of China's economic development from high-speed growth to high-quality development, the traditional driving forces supporting the steady growth of China's equipment manufacturing industry are constrained by structural changes on both sides of supply and demand. It is of great significance to promote the transformation of the driving force for the growth of the equipment manufacturing industry to realize the high-quality development of the equipment manufacturing industry. The paper first describes the characteristics and facts of the development of China's equipment manufacturing industry from 1990 to 2017, and then makes an empirical study of the driving force transformation of China's equipment manufacturing industry by constructing an extended Cobb – Douglas production function model and using comprehensive FGLS and iterative FGLS estimation model. The research results show that: The segmented industries of China's equipment manufacturing industry are in or about to enter the stage of industrial maturity, so it is urgent to cultivate new impetus for industrial growth. From the overall regression results, the output growth of China's equipment manufacturing industry is mainly driven by labor factors, while the driving effect of capital factors and R&D input is relatively weak. From the segmented regression results, the driving effect of labor factor and R&D input on the output growth of equipment manufacturing industry is obviously increased, while the driving effect of capital factor is obviously weakened. China's equipment manufacturing industry has not followed the traditional growth path of "labor factors-capital factors – R&D input". Instead, there is the possibility of "two-wheel drive", depending on labor factors and R&D investment.

Key Words: Equipment Manufacturing Industry　Driving Force　Labor　Capital　R&D

JEL Classification: L69　O14

东北亚区域价值链合作中贸易平衡、贸易关联与需求依赖度研究

赵明亮　高　婕　刘　青*

摘　要：全球价值链分工格局的深刻变化、日益复杂的全球经贸形势，对中国对外贸易、产业转型发展、"一带一路"倡议等海外发展战略将会产生极其深远的影响。东北亚区域在中国价值链合作中一直占有十分重要的地位，本文首先分析传统贸易统计下东北亚区域贸易态势，进而基于亚洲发展银行——多区域投入产出表（ADB－MRIO）数据，借鉴Koopman et al.（2014）、王直等（2015）的增加值贸易核算方法，改进及构建相关指标，从增加值贸易角度对中国与东北亚区域价值链合作中各国的产业贸易平衡、贸易关联与需求依赖度等进行深入剖析，探明中国与各国的价值链合作关联机制、地位变化趋势、真实的贸易收益，为中国东北亚区域外经贸战略调整和产业转型升级提供参考依据。相应提出以下对策建议：正确审视贸易差额，更加关注增加值贸易结构和贸易收益变化趋势；制定差异化的国别产业贸易政策、促进高技术产业贸易关联和需求依赖度的提升；增强政治互信，推进中日韩自贸区建设，塑造国际贸易新动能；梯度强化优势产业竞争力，促进全球价值链地位提升以及重构。

关键词：全球价值链　区域分工网络　贸易关联　需求依赖

一、引　言

区域经贸合作在中国对外经贸合作中占有十分重要的地位。中国与东北亚区域各国的经贸合作由来已久，在经济全球化和全球价值链分工的推动

* 本文受山东省自然科学基金青年项目"'一带一路'倡议下垂直专业化分工价值链重构与新旧动能转换的协同推进路径研究"（ZR2019QG006）、山东省社科规划重点项目"'一带一路'与黄河生态经济带协同建设下山东新旧动能转换的实现路径研究"（21BJJJ05）、山东财经大学教研教改项目"'一带一路'倡议下《国际经济合作》课程改革与建设研究"（JY201822）的资助。
赵明亮：山东财经大学国际经贸学院；地址：山东省济南市舜耕路40号，邮编250002；Email：zhaomingl1985@163.com。高婕：山东财经大学国际经贸学院；地址：山东省济南市舜耕路40号，邮编250002；Email：wwsara028@163.com。刘青：山东旅游职业学院旅游与休闲管理系；地址：山东省济南市经十东路3556号，邮编250200；Email：lq－1020@163.com。

下，东北亚区域间的经贸合作日益密切，中国成为日韩产业转移的主要承接地，并多次成为日韩的第一大贸易伙伴国。但国际金融危机以来，国际经贸环境不断恶化，贸易壁垒增加，WTO 框架下的经贸规则面临严峻挑战，出现了“逆全球化”趋势。与此同时，区域经济一体化组织涌现，美国等发达国家试图通过建立新的区域经济合作组织，重构国际经贸规则，而日韩广泛参与其中，这将会对东北亚区域内现行的贸易关系和分工模式产生巨大而深远的影响。区域政治关系上，受日本“购岛”闹剧和韩国“萨德”部署等问题的影响，中国与两国政治互信减弱，区域经贸合作阻力增加，中日韩自贸区合作停滞不前，而与俄罗斯关系向好，政治互信加强，这在一定程度上会影响区域分工贸易合作的转向。就国内发展环境看，中国国内资源、环境约束问题加剧，劳动力等资源价格急速上升，促使日韩企业的价值链环节向南亚、东南亚、非洲等地转移。我国经济发展步入新常态，增长速度换挡期、结构调整阵痛期、前期刺激政策消化期“三期”叠加。面对复杂的国内外经贸形势，中国政府适时提出了加快“自由贸易区”建设、“一带一路”倡议等战略，试图找寻促进国际贸易和国内经济发展的新动能，提升在全球价值链分工中的地位，推动国内产业转型升级，这对于东北亚区域经贸合作也会产生重大影响。

二、文献综述

由于之前中间品贸易数据难以获取及测算方法的局限，主要还是基于传统贸易统计下的国别数据探讨中日、中韩、中俄经贸关系，对于东北亚区域价值链合作网络中增加值贸易关系研究的文献鲜有，且基本都未涉及到产业层面。李丽（2015）、张季风（2015）对传统贸易统计下中日贸易差额、趋势、地位、依存关系等问题进行了分析，认为地缘优势、中国经济增长的良好势头等是中日经贸合作的驱动因素。日本在中国贸易地位中有所下降，但互补及互惠关系依然存在，中日政治关系的改善对于中日双边贸易投资及东亚区域合作有推动作用。肖雪、刘洪愧（2018）基于价值链长度和位置的测算，就中国与日本在东亚价值链合作中的关系进行了对比研究，认为东亚价值链合作已由日本的单中心结构转变为中国、日本双中心格局，且中国有望超过日本成为区域价值链中心国家。李斌、谭蓉（2019）认为近年来韩国的“新北方”“新南方”政策与中国的“一带一路”建设政策存在对接情况，经贸投资合作不断深化，但萨德遗留隐患、贸易产品的竞争性也使得两国经贸合作存在挑战，在新形势下应通过“五通”政策促进合作提质增效。李博英（2019）通过显示性比较优势指数对中韩服务贸易发展情况进行了分析，对贸易的互补性、竞争性及关键影响因素进行了深入的探讨，中韩服务贸易存在消费结构问题，要推动贸易结构优化升级。周曙东等（2016）、赵金龙等（2019）应用 GTAP 模型模拟分析了中韩自贸区建设对贸易、产业发展的影响。关税削减的贸易创造效应明显，对韩国的影响大于中国。自由贸易协定签署对制造业产出和增加值提升具有重要的促进作用。郝宇彪（2013）基于引力模型对中俄贸易相关性、产业贸易结构等问题进行了分析，俄罗斯对中国贸易依赖度较高，中俄互补的贸易结构制约了经贸合作关系的深化。陈元（2015）、万永坤（2017）等认为中俄经贸规模有限，结构不甚合理，需要找准关键领域，拓展深化合作。在“一带一路”合作背景下，要积极改善贸易结构，促进相互投资合作，规避汇率波动风险，激发贸易潜力。郭晓琼（2020）在不利的国际经贸环境下，中俄贸易动力增强，出现合作模式机制化、贸易投资便利化等新趋势，应注重经贸合作质量的提高。邝艳湘、向洪金（2017）从区域合作机制、地缘政治因素、国际经贸格局变化等方面分析了东北亚区域贸易合作机遇、挑战、前景等问题。沈铭辉、张中元（2019）；冯晓玲、姜珊珊（2020）分析认为“一带一路”倡议下东北亚区域合作进度缓慢，连通各国的交通线，贸易便利化水平的提升，对于经贸高质量发展极为重要。可以通过规划合作路径和重点，积极融入区域价值链，促进产业合作。尹伟华（2016）；冯正强、白利利（2018）从价值链视角构建指标对中日制造业竞争力进行了对比研究，中国在中高和高技术产业的竞争力在不断上升，而日本的竞争力一直十分强劲。孔庆峰、赵佳佳（2019）；杨蕙馨、高新焱（2019）等分析了中国产业竞争力，从增加值贸易角度分析了中国贸易的结构、收益等，中国目前还处于价值链的下游。成新轩（2019）；葛阳琴、刘晴（2020）对东亚区域价值链合作和重塑问题进行了研究，东亚各国对欧美的依赖呈现出先上升后下降的趋势，东亚区域内价值链关联明显高于区域外，中国在区域价值链重塑中会发挥主导作用。欧定余等（2020）在逆全球化和新冠疫情冲击下，东北亚区域合作可以有效缓解各国需求下降的冲击。中国可以通过扩大终端消费、增加双边投资、提升技术水平等举措推进区域价值链体系构建。

在国际经贸环境深入调整、“自由贸易区”战略全面推进的背景下，本文将在现有文献基础上，对东北亚经贸合作研究问题从以下几个方面进行拓展，创新主要体现在：（1）考虑到中国广泛参与东北亚区域价值链合作的事实，本文将基于最新的亚洲发展银行——多区域投入产出表（ADB - MRIO）数据，借鉴增加值贸易核算方法，剖析中国与东北亚区域内各国分工贸易增加值关联机制和需求依赖度，探明各国真实的贸易利益、贸易发展趋势，对国内经济增长的带动作用；（2）将东北亚区域内的另一大国俄罗斯纳入到分析框架下，就中国与日本、韩国、俄罗斯三国的价值链合作关系和合作趋势展开系统的探讨。同时，将研究细化到产业层面，更利于探明中国与各国的深层贸易关系和产业竞争优势所在；（3）综合考虑国内“三期”叠加、产业转型升级日益迫切，外经贸发展战略向“一带一路”国家转移的背景，结合东北亚区域增加值贸易关联关系的研究结论，前瞻性的提出促进中国价值链地位攀升、自由贸易区等外向型发展战略调整的针对性建议。

三、增加值贸易核算方法、研究数据及指标体系构建

（一）增加值贸易核算方法

20世纪90年代以来，全球价值链分工合作模式盛行，中间产品多次跨越国界产生价值增值，存在重复统计问题，不能反映真实的贸易价值来源和贸易利益分配情况。为解决传统贸易统计方法的局限，国内外学者们展开了一系列的研究。代表性的如 Hummels et al.（2001）的开创性研究，最早提出了系统测算垂直专业化分工程度的指标，但对于中间品比例确定上有一定的随意性，研究结果存在一定的偏差。Timmer et al.（2014）利用全球投入产出数据库（WIOD）对价值链进一步分解，将最终品中的增加值细分为劳动和资本收入。Koopman et al.（2014）提出了一国总出口的分解方法，将出口分解为国外增加值、被国外吸收的国内增加值、返回国内增加值额和纯重复计算的中间品贸易。

王直等（2015）扩展了 Koopman et al.（2014）的分解方法，提出了双边/部门层面的总贸易流分解法，可以全面追踪贸易价值增值的来源。利用国际投入产出模型，根据出口品的价值来源和最终吸收地，将双边总出口分解为国内价值增值、国外价值增值和纯重复计算三大部分。国内价值增值由被国外吸收的国内增加值（DVA）和返回并被本国吸收的国内增加值（RDV）构成，被国外吸收的国内增加值进一步细分为最终出口的国内增加（DVA_FIN）、被直接进口国吸收的中间出口（DVA_INT）和被直接进口国生产向第三国出口所吸收的中间出口（DVA_INTEX）三部分。国外增加值（FVA）由出口隐含的进口国增加值（MVA）和出口隐含的第三（其他）国增加值（OVA）构成。纯重复计算部分（PDC）包含来自有国内账户的纯重复计算（DDC）和来自于国外账户的纯重复计算（FDC）。对价值链的完全分解，可以有效构建指标度量贸易的价值增值、基于增加值贸易的显示性比较优势指数，贸易关联、经济增长需求依赖度指标，真实、有效地反映各国的贸易依存关系和收益。

（二）研究数据来源

基于增加值贸易的总出口及全球价值链分解，分解测算原始数据为国际

间投入产出表（ICIO）数据，目前国际上常用的国际间投入产出表有欧盟（EU）的 WIOD、经济合作与发展组织（OECD）的 ICIO、全球贸易分析项目（GTAP）的 ICIO 以及亚洲发展银行（ADB）的 MRIO，每个 ICIO 表所涵盖的国家（地区）数目、产业部门数、表的时间跨度都存在差异。相比较之下，亚洲发展银行（ADB）的 MRIO 表涵盖更多亚洲国家数据，表的编制更多考虑亚洲国家特点和需要，且数据较新。因此，本文研究采用亚洲发展银行（ADB）的 MRIO 表数据，数据涵盖 45 个国家（地区），35 个产业部门①，目前发布 2000 年、2005 年、2008 年、2011 年和 2015 年五张多区域投入产出表（MRIO）。本文分析集中在东北亚区域，只关注中国、日本、韩国、俄罗斯四国。同时，产业部门数目较多，在文中应用各指标具体分析时，主要关注分工贸易关系联系较为密切的前十大产业部门。

（三）研究指标体系构建

根据本文对东北亚区域价值链分工网络中中国与各国关系分析需要，从增加值角度考虑，将某部门隐含在其他部门的出口增加值归到本部门出口中，同时，将总出口中来源于国外的增加值和纯重复计算部分剔除，测算各国产业显示性比较优势指数。基于出口中嵌入的他国价值增值多少，构建指标衡量两国贸易关联紧密程度。各国、各产业的产品出口附加值会通过最终产品形式直接被国外吸收，也可以通过中间产品渠道经过一次或多次跨国流转后被国外最终需求吸收，通过指标构建衡量一国经济发展对他国的需求依赖度。探明中国与东北亚区域内各国分工贸易关联紧密程度及国外最终需求对中国经济增长的贡献程度。

1. 增加值贸易统计下修正的显示性比较优势指数

对产业部门出口竞争力进行测度，可以明确一国竞争优势所在，为贸易战略调整和产业转型升级决策提供参考依据。显示性比较优势指数（RCA）是衡量部门出口竞争力的主要指标，为一国某部门出口占该国出口总值的比重相对于全球该部门出口与全球出口总值的比重之比表示，这种传统的显示性比较优势指数（RCA）测算忽略了当前分工生产盛行的特点，既未考虑国内生产分工，也忽略了国际垂直专业化分工。在分工生产下，一国某部门的增加值可以隐含在其他部门实现间接出口，同时一国部门出口中也含有国外价值（包括 FVA、FDC 两部分）。因此，要真实测度一国某部门的出口竞争

① 亚洲发展银行（ADB）的 MRIO 表中的 45 个国家（地区）涵盖中国、日本、韩国、俄罗斯等国。35 个产业部门包括 C1 农林牧渔业、C2 采掘业、C3 食品、饮料、烟草业、C4 纺织材料和纺织产品、C5 皮革、制鞋业、C6 木材和木材加工业、C7 纸浆、纸张、印刷和出版、C8 焦炭、精炼石油和核燃料、C9 化学品和化工产品、C10 橡胶和塑料制品业、C11 其他非金属矿物、C12 金属和金属制品、C13 机械设备制造业、C14 光电设备制造业、C15 运输设备制造业、C16 其他制造业及 19 个服务业部门。

力，需要从增加值角度考虑，将某部门隐含在其他部门的出口增加值归到本部门出口中，同时，将总出口中来源于国外的增加值和纯重复计算部分剔除。增加值贸易统计下修正的显示性比较优势指数可以表示为：

$$RCA_V = \frac{(DVAF_i^r + RDVF_i^r)/(\sum_i^n DVAF_i^r + RDVF_i^r)}{\sum_r^G (DVAF_i^r + RDVF_i^r)/\sum_r^G \sum_i^n (DVAF_i^r + RDVF_i^r)}$$

$DVAF_i^r$ 表示 r 国 i 部门出口被国外吸收的国内增加值，$RDVF_i^r$ 表示 r 国 i 部门出口返回国内并被本国吸收的国内增加值，G 代表世界国家个数，在本文中为 MRIO 表中涵盖的 45 个国家，n 代表产业部门数，包含 MRIO 表中的 35 个产业部门。

2. 产业增加值贸易关联度

在垂直专业化分工生产价值链条中，一国处于价值链某一特定生产环节，其产品生产会使用进口中间投入品，从而导致其产品出口中会嵌入一个或多个上游国家创造的附加值，嵌入附加值的多少可以用来衡量该国在产品生产贸易价值链条上与产品上游生产环节特定国家的关联程度。出口中嵌入的该国价值增值越多，说明两国贸易关联程度越密切，分工合作关系越紧密。通过该指标的构建，有助于探明中国与东北亚区域内各国的分工合作关系的紧密程度和变化趋势，指导新常态下中国外经贸及产业转型升级实践。从产业层面看，i 国 n 产业部门与 j 国的贸易关联度测算公式可表示为：

$$FVS_{inj} = FVS_{inj}/EX_{in}$$

其中，FVS_{inj} 表示 i 国 n 产业部门对 j 国出口中由 j 国创造的附加值，EX_{in} 表示 i 国 n 产业部门的出口额。FVS_{inj} 指标值越大，表示 i 国 n 产业部门对 j 国出口中由 j 国创造的附加值占本部门出口额比重越高，i 国 n 产业与 j 国的贸易关联度越高，垂直专业化分工生产合作关系越密切。

3. 产业发展需求依赖度

在全球价值链分工生产模式下，东北亚区域贸易中各国家、各产业的产品出口附加值决定了经济总体及各产业发展规模和水平。各国家、各产业的产品出口附加值会通过最终产品形式直接被国外吸收，也可以通过中间产品渠道经过一次或多次跨国流转后被国外最终需求吸收。在这种情形下，各国家、各产业经济总体及各产业发展规模和水平会形成对最终吸收国的最终需求依赖。通过对国家层面和产业层面最终需求依赖的测算可以明确一国经济总体及各产业与区域内贸易伙伴国的依赖关系，贸易伙伴国对该国经济和产业发展重要性的变化趋势，便于调整外经贸战略和发展方向。本文主要是基于产业层面数据展开分析，一国对区域内各国产业发展需求依赖度的测度可以表示为：

$$FDR_{inj} = DV_{inj} / GDP_{in}$$

其中，DV_{inj}表示 j 国最终需求中包含的由 i 国 n 部门创造的国内附加值。GDP_{in}表示 i 国 n 部门的国内生产总值。GDP 是衡量一国经济增长的重要指标，因此，j 国最终需求中包含的由 i 国 n 部门创造的国内附加值在 i 国 n 部门 GDP_{in}中所占的比重，可以衡量 i 国 n 部门经济增长对 j 国最终需求的依赖程度。FDR_{inj}指标值越大，代表 i 国 n 部门的经济增长（GDP_{in}）对 j 国最终需求依赖度越大，j 国最终需求对 i 国 n 部门的发展越重要。

四、东北亚区域分工贸易态势、贸易结构、产业贸易竞争力

为了科学、系统地提出中国与东北亚区域经贸合作、外经贸战略调整及产业转型发展的建议，首先对东北亚区域内各国分工贸易额度、产业贸易竞争力进行分析，总体把握中国与东北亚区域内各国的贸易态势、贸易结构、贸易竞争力等基本情况，进而结合产业贸易关联度、产业发展需求依赖度等指标进行深入探讨。

（一）东北亚区域分工贸易态势、贸易结构

首先就传统海关贸易统计下东北亚区域贸易态势进行研究，以与增加值贸易统计下的贸易情况进行对比研究。考虑到美国在东北亚区域分工中处于上游生产者的地位，分工合作关系密切，将与美国的贸易纳入分析框架。从表 1 可见，中国虽作为贸易顺差大国，但多年来与日本、韩国的贸易都是逆差，与日本的贸易差额呈“V”型发展，在 2000 年后贸易顺差减少，2005 年出现贸易逆差，2011 年后又出现贸易顺差。与韩国的贸易逆差在 2011 年前不断扩大，之后好转，与俄罗斯贸易情况类似，只是顺差出现时间较早，而与美国的贸易顺差成不断扩大趋势。可见，国际金融危机后，特别是近几年，中国与东北亚区域内各国的经贸关系出现了新的趋势，贸易逆差转为贸易顺差，且顺差额度在不断扩大，这从侧面反映了区域内价值链合作出现新变化，中国在合作网络中不再只是担当最终组装角色，高附加值环节合作和出口增加。

表 1 传统贸易统计下中国与区域内三国及美国双边贸易差额

单位：百万美元

年份	日本	韩国	俄罗斯	美国
2000	658.50	-9898.32	-1708.14	55045.18
2005	-1664.51	-24229.94	-4561.64	159332.40
2008	-10248.70	-26659.74	15243.25	223075.99

续表

年份	日本	韩国	俄罗斯	美国
2011	3395.39	-46430.13	10169.92	237696.74
2015	136805.21	10477.97	13993.96	487596.06

资料来源：ADB-MRIO 整理计算。

从增加值贸易统计情况看（见表2），相比传统贸易统计下的双边贸易差额，中国与东北亚区域内三国的贸易差额缩小。2000年，中国与日本贸易差额变为逆差，说明中国贸易收益较低，主要是担任最终组装的角色。2008年的贸易逆差相比传统贸易统计出现大幅下降，2011年后的顺差出现缩小。韩国、俄罗斯呈现相同的趋势，但俄罗斯贸易差额缩小幅度较小。这可能是由于中国与各国同处于东北亚区域价值链分工网络中，中国与日本、韩国存在大量的中间品贸易，在传统贸易统计下高估了贸易差额。与俄罗斯之间的中间品贸易额相对较少，因此，贸易差额缩小幅度也相对较小。中国承接了大量产品加工组装环节生产活动，处于价值链的下游，许多产品最终出口到美国，传统贸易统计下中美顺差相对较高，在增加值贸易统计下中国对美国的贸易顺差也缩减。

表2　增加值贸易统计下中国与区域内三国及美国双边贸易差额

单位：百万美元

年份	日本	韩国	俄罗斯	美国
2000	-398.40	-3838.83	-1509.71	46897.42
2005	-692.69	-8891.17	-3737.53	125361.83
2008	-946.80	-4564.95	11996.99	189896.21
2011	3154.82	-17518.69	7390.56	196279.98
2015	99274.41	4852.56	5329.27	404658.16

资料来源：ADB-MRIO 整理计算。

从贸易产业看（见表3）①，日本制造业对中国的出口贸易主要集中在光电设备制造业（C14）、机械设备制造业（C13）、化学品和化工产品（C9）等，并且各年度前十大产业基本没有变化，只是出口额度位次有所变化。从总出口额度看，2008年相比2000年出口额度大幅增长，这也是中国加入世

① 由于东北亚区域中与中国贸易额较高的日本、韩国都处于价值链分工合作环节的上游，因此，在双边贸易分析中以日本、韩国、俄罗斯对中国的出口为分析出发点。限于文章篇幅，仅列出了2000年、2008年和2015年三年的贸易数据作为参考。同时，中国对日本、韩国、俄罗斯的出口详细数据未在文中列出，只根据需要做数据分析，感兴趣的读者可向作者索取详细数据。

贸组织到国际金融危机爆发的外贸发展黄金期，到 2015 年日本各产业对中国出口总额都出现了大幅下降。从贸易结构看，日本对中国的出口总额中，主要是中间品出口，多数产业占比在 90% 以上，中间品出口前十大产业与出口总额前十大产业基本吻合。从发展趋势看，中间产品占比一直处在高位，在 2000 年中间产品出口占比相对较低的几个产业机械设备制造业（C13）、运输设备制造业（C15），在 2008 年、2015 年占比都在不断提高，这说明日本与中国之间的垂直专业化分工生产模式仍占据主导，并且日本占据绝对竞争优势的汽车、机械设备等最终品出口为主的一些产业也呈现出分工逐步深化的趋势。而从中国对日本出口结构看，中间品出口占比相对较低。一些劳动密集型的低附加值产业如食品、饮料、烟草业（C3）、皮革、制鞋业（C5）等主要是出口最终产品，历年中间品出口占比都在 5% 以内。可见，中国承接垂直专业化分工生产的某一环节或作为组装地，中间产品出口量占比较少，主要是出口劳动密集型最终产品。

表 3　　日本对中国出口贸易总额前十大制造业　　单位：百万美元

2000 年				2008 年				2015 年			
产业	总出口额	产业	中间品出口额	产业	总出口额	产业	中间品出口额	产业	总出口额	产业	中间品出口额
C14	13881	C14	9674	C14	53116	C14	39737	C14	32507	C14	24919
C13	6692	C12	5589	C13	18833	C12	15852	C15	8716	C9	6149
C12	5892	C9	3993	C12	16625	C9	12549	C13	8270	C12	5820
C9	4289	C4	2644	C9	13467	C15	6882	C9	6745	C13	5059
C4	2771	C13	1590	C15	12365	C13	6192	C12	6008	C15	4838
C15	1515	C15	717	C10	4196	C10	3658	C10	2160	C10	1965
C10	757	C10	601	C8	3488	C8	3418	C4	1515	C4	1383
C7	558	C7	545	C4	3178	C4	2992	C11	1006	C11	989
C11	549	C11	529	C11	1580	C11	1547	C8	791	C8	772
C8	427	C8	415	C16	903	C7	624	C16	490	C7	319

资料来源：ADB – MRIO 整理计算。产业代码对应的产业名称详见研究数据来源部分注释。

韩国对中国出口贸易产业（见表 4）主要集中在光电设备制造业（C14）、化学品和化工产品（C9）、机械设备制造业（C13）等，各年度前十大制造产业也较为集中，仅出口额度位次有所变化。绝大多数产业 2008 年相比 2000 年出口额度大幅增长，但像纺织材料和纺织产品（C4）、皮革、制鞋业（C5）等劳动密集型产业的出口额不但没有增长反而出现了下降，这说明在这期间中国这些产业的竞争力有了较大提高，进口减少，出口不断增加。受2008年国际金融危机和中国相关产业竞争力提升等影响，韩国对中国出口总额增长缓慢，有些产业出口额出现进一步下降，韩国对中国出口的阻力和不确定性增加。同时，虽然韩国绝大多数产业对中国出口与日本比还存在差距，但光电设备制造业、化学品和化工产品等产业的出口韩国逐渐超过日本，且此消彼长趋势十分明显。从贸易结构看，韩国对中国的出口也主要是中间品出口。从发展趋势看，一些技术含量高、韩国有竞争优势的产业如机械设备制造业、光电设备制造业中间产品出口占比在不断增加，价值链分工生产合作深化。而像纺织材料和纺织产品、皮革、制鞋业等技术含量较低的劳动密集型产业中间产品出口占比不断下降，说明随着中国在这些产业竞争力的提升，垂直专业化分工模式在这些产业有所弱化。而从中国对韩国出口结构看，中间品出口占比也相对较低，且多数高技术产业中间品出口占比呈逐年下降趋势，劳动密集型产业中国在分工生产过程中竞争力提升，主要是出口最终产品，垂直专业化分工价值链条缩短。

表4　韩国对中国出口贸易总额前十大制造业　单位：百万美元

2000年				2008年				2015年			
部门	总出口额	部门	中间品出口额	部门	总出口额	部门	中间品出口额	部门	总出口额	部门	中间品出口额
C14	6352	C9	4752	C14	47981	C14	39520	C14	54004	C14	44885
C9	4875	C14	4447	C9	20172	C9	19800	C9	23434	C9	22312
C4	3658	C4	3575	C13	8675	C8	7596	C13	5838	C12	3862
C8	2796	C8	2728	C8	7723	C12	6553	C15	4814	C13	3522
C12	2332	C12	2284	C12	6619	C13	3348	C12	3908	C8	3151
C13	1174	C7	748	C15	2870	C4	1815	C8	3210	C15	2789
C5	801	C5	721	C4	2147	C15	1569	C4	1850	C4	1586
C7	761	C10	332	C10	1708	C10	1472	C10	501	C10	456
C10	382	C13	219	C5	721	C5	565	C3	438	C5	212
C15	123	C11	96	C3	435	C7	346	C5	281	C7	140

资料来源：ADB－MRIO整理计算。产业代码对应的产业名称详见研究数据来源部分注释。

俄罗斯对中国的总出口额度相对较少，但增长趋势明显。木材和木材加工业（C6）、焦炭、精炼石油和核燃料（C8）等资源、能源相关产业增长迅速（见表5），但各年度前十大出口产业基本变化不大。俄罗斯对中国多数产业的出口在2008年之后同样出现了下降趋势，但总体来看下降幅度相比日韩要小。俄罗斯对中国轻工业、劳动密集型产业产品出口较少，出口主要集中在资源、能源相关产业。从贸易结构看，俄罗斯对中国中间品出口占比较高，纸浆、纸张、印刷和出版产业（C7）、化学品和化工产品（C9）、金属和金属制品业（C12）等产业出口基本全为中间产品。从发展趋势看，在资源、能源相关产业中间产品占比一直处在高位，其他制造业占比较低，说明俄罗斯与中国的价值链分工生产合作还不够深入。从中国对俄罗斯出口结构看，中国无论是劳动密集型产业还是技术密集型产业对俄罗斯出口都保持绝对的顺差，而资源、能源产业处于绝对逆差。多数制造业贸易还是最终品贸易，中国与俄罗斯的价值链分工生产合作有待于进一步深入。

表 5 俄罗斯对中国出口贸易总额前十大产业 单位：百万美元

2000 年				2008 年				2015 年			
部门	总出口额	部门	中间品出口额	部门	总出口额	部门	中间品出口额	部门	总出口额	部门	中间品出口额
C9	649	C9	645	C2	8393	C2	8393	C2	16948	C2	16948
C12	613	C12	612	C9	2161	C9	2094	C9	1414	C9	1397
C2	433	C2	433	C1	1351	C1	1344	C12	1016	C12	1015
C7	338	C7	338	C12	1051	C12	1051	C1	703	C1	691
C1	265	C1	264	C7	804	C7	804	C7	585	C7	585
C13	174	C13	91	C8	648	C8	638	C6	480	C6	479
C8	76	C8	74	C13	296	C6	231	C8	445	C8	437
C14	50	C14	37	C6	233	C13	211	C13	180	C13	107
C3	26	C15	12	C3	167	C14	56	C3	137	C14	92
C15	22	C6	9	C14	70	C5	8	C14	117	C5	4

注：考虑到俄罗斯制造业相对落后，中国与俄罗斯贸易很多集中在农业、资源、能源相关产业，因此，在分析俄罗斯对中国出口情况时，产业不再限定在制造业，而将农业、资源、能源相关产业纳入分析。

资料来源：ADB – MRIO 整理计算。产业代码对应的产业名称详见研究数据来源部分注释。

（二）东北亚区域内各国产业贸易竞争力

根据增加值贸易统计下修正的显示性比较优势指数，测度东北亚区域内中国、日本、韩国各产业的真实出口竞争力，测算结果如表 6 所示。中国显示性比较优势指数较高的产业集中在纺织材料和纺织产品（C4）、皮革、制鞋业（C5）、其他非金属矿物（C11）等产业。从时间趋势上看，基于增加值贸易测算各产业指数基本呈下降趋势，金融危机对中国出口的负面影响非常显著。日本运输设备制造业（C15）具有极强的出口竞争力，光电设备制造业（C14）等产业具有较强的出口竞争力，运输设备制造业等产业竞争力呈现不断提升趋势。韩国光电设备制造业、运输设备制造业具有极强的竞争力，化学品和化工产品（C9）、金属和金属制品（C12）具有较强的出口竞争力，且这些产业的出口竞争力呈现不断增强趋势。而像纺织材料和纺织产品、皮革、制鞋业、橡胶和塑料制品业（C10）等产业的竞争力则出现大幅度的下降，由 2000 年的具有较强或中等强度竞争力转变为竞争力较弱。俄罗斯的资源能源产业焦炭、精炼石油和核燃料（C8）、采掘业（C2）具有极强的出口竞争力，其他产业竞争力较弱。可见，中国有出口竞争优势的产业主要还是集中在劳动密集型产业，但同时伴随着代工生产经验的积累和企业研发水平的提升，光电设备制造业等产业的出口竞争力也由弱变强。日本、韩国出口竞争优势产业主要集中在机械设备制造业等高技术产业，俄罗斯出口竞争优势产业集中在资源、能源产业，这些分析结论为中国贸易战略调整和产业转型升级决策提供了有利的参考依据。

表 6　基于增加值贸易测算的东北亚区域内各国显示性比较优势指数前十大产业

	部门	C5	C4	C11	C1	C10	C16	C6	C14	C3	C8
中国	2000 年	3.78	3.65	2.24	2.18	1.66	1.46	1.28	1.2	1.2	1.08
	2008 年	3	3.06	1.59	1.8	1.56	1.43	1.67	1.84	1	0.7
	2015 年	3.15	2.28	1.5	1.73	1.24	1.12	1.48	1.57	0.95	0.67
日本	部门	C14	C15	C13	C12	C19	C10	C11	C8	C9	C7
	2000 年	1.83	1.82	1.61	1.5	1.42	1.36	1.06	0.98	0.92	0.66
	2008 年	1.67	2.4	1.51	1.65	1.55	1.51	1.2	1.29	0.8	0.79
	2015 年	1.47	2.55	1.53	1.93	1.55	1.6	1.16	1	0.88	1.08
韩国	部门	C4	C8	C14	C15	C5	C9	C10	C12	C13	C11
	2000 年	2.38	2.13	2.1	1.4	1.36	1.27	1.23	1.15	1.03	0.99
	2008 年	0.99	1.44	2.56	2.7	0.46	1.38	1.59	1.63	1.36	1.06
	2015 年	0.38	0.9	2.68	2.73	0.38	1.65	0.74	1.6	1.32	0.48
俄罗斯	部门	C8	C2	C12	C6	C1	C13	C7	C9	C16	C11
	2000 年	3.42	2.07	1.48	0.86	0.64	0.63	0.58	0.57	0.43	0.42
	2008 年	3.38	2.13	0.96	0.73	0.28	0.40	0.45	0.61	0.11	0.48
	2015 年	5.08	2.83	1.25	1.12	0.36	0.52	0.68	0.70	0.13	0.41

资料来源：ADB－MRIO 整理计算。产业代码对应的产业名称详见研究数据来源部分注释。

五、中国与东北亚区域内各国产业增加值贸易关联和需求依赖度

为进一步探明中国与东北亚区域内各国价值链分工合作关系的紧密程度

和变化趋势，明确各产业与区域内贸易伙伴国的依赖关系，贸易伙伴国对该国经济和产业发展重要性的变化趋势，指导新国际经贸形势下中国价值链分工合作生产、外经贸战略调整及产业转型升级实践，对中国与东北亚区域内各国产业增加值贸易关联度和需求依赖度指标进行研究。

（一）中国与东北亚区域内各国产业增加值贸易关联度

基于增加值贸易测算的中国与东北亚区域内各国产业增加值贸易关联度，最高的前十大产业与出口贸易前十大产业基本吻合（见表 7）。中国与日本各产业增加值贸易关联度呈现明显的下降趋势。2000 年中国与日本的光电设备制造业（C14）贸易关联度最高，2008 年各产业的贸易关联度都有了一定程度的下降，而此后到 2015 年贸易关联度进一步下降，且下降幅度更大。总体呈现出随着产业技术密集度的下降，贸易关联度降低幅度越大、贸易关联度越低，分工合作关系紧密程度越低的趋势。中国与韩国各产业增加值贸易关联度与日本比总体要低，一些技术密集型相对高的产业如机械设备制造业（C13）、光电设备制造业（C14）等的贸易关联度与日本比差距还非常明显。但在机械设备制造业（C13）出现逐年上升趋势，在 2015 年超过中国与日本在该产业的贸易关联度。在其他技术密集度较高的产业，近年来关联度下降的幅度相比日本也较小，且在 2015 年中国与韩国在这些产业的贸易关联度与日本比处于接近或超过的水平，说明中国与韩国的贸易关联弱化程度相比日本要低，并且在一些高技术产业还有强化的趋势。就中国与俄罗斯的产业增加值贸易关联度看，中国与俄罗斯各产业的增加值贸易关联度普遍较低。但不同于日韩，在 2000 年到 2008 年间，各产业贸易关联度都呈增长趋势，且资源、能源产业的增长速度要超过制造产业。中国与俄罗斯的贸易关联度有提高的潜力，分工合作可以朝着越来越紧密的趋势发展。

表 7 中国与东北亚区域内各国产业增加值贸易关联度前十大产业 单位：%

日本				韩国				俄罗斯			
部门	2000 年	2008 年	2015 年	部门	2000 年	2008 年	2015 年	部门	2000 年	2008 年	2015 年
C14	4.59	3.57	0.80	C5	2.27	0.86	0.44	C8	0.68	2.42	0.95
C4	3.30	1.67	0.52	C4	1.54	0.79	0.52	C7	0.36	0.71	0.35
C13	2.95	2.17	1.43	C14	1.27	1.26	0.65	C6	0.35	1.00	0.43
C15	2.59	1.91	0.68	C16	1.25	0.68	0.52	C10	0.33	0.95	0.41
C10	2.48	1.83	0.69	C10	1.20	0.84	0.71	C9	0.30	1.00	0.41
C12	2.28	1.25	0.35	C13	0.97	0.98	1.47	C12	0.30	0.75	0.50
C9	2.17	1.43	0.35	C7	0.94	0.56	0.36	C14	0.27	0.64	0.33

续表

日本				韩国				俄罗斯			
部门	2000 年	2008 年	2015 年	部门	2000 年	2008 年	2015 年	部门	2000 年	2008 年	2015 年
C16	2. 11	1. 32	0. 48	C9	0. 86	0. 59	0. 36	C16	0. 27	0. 60	0. 35
C5	1. 98	1. 18	0. 34	C15	0. 84	0. 78	0. 61	C13	0. 26	0. 59	0. 33
C7	1. 81	1. 21	0. 47	C6	0. 71	0. 45	0. 35	C15	0. 25	0. 55	0. 32

资料来源：ADB－MRIO 整理计算。产业代码对应的产业名称详见研究数据来源部分注释。

（二）中国与东北亚区域内各国产业发展需求依赖度

基于增加值贸易测算的中国与东北亚区域内各国产业发展需求依赖度如表 8 所示。中国对日本的产业发展需求依赖度总体较高，从产业类别来看，资源、能源产业以及劳动密集型产业对日本的发展需求依赖度高，而高技术含量产业的需求依赖度相对较低。从发展趋势看，中国各产业对日本的需求依赖度近年来一直呈现下降趋势，能源、资源行业下降幅度大，但像食品、饮料、烟草业（C3）、纺织材料和纺织产品（C4）等劳动密集型产业仍然保持较高的水平，说明日本劳动密集型产品的需求对中国国内产业发展和经济增长的重要性较高。中国与韩国各产业发展需求依赖度相比日本仍然较低，这与韩国经济体量相对较小有关。从产业类别来看，技术水平较高的光电设备制造业（C14）需求依赖度最高，资源、能源产业以及劳动密集型产业需求依赖度也较高。从发展趋势来看，在 2000 年到 2008 年，各产业的需求依赖度都在上升，说明在这个阶段韩国各产业发展对中国经济增长的影响力在提升。金融危机后，中国各产业对韩国需求依赖弱化，韩国在中国外经贸及经济发展中的地位有所下降。中国与俄罗斯各产业的需求依赖度在 2000 年普遍较低，在此之后到 2008 年金融危机之前，需求依赖度都在不断提升，有的劳动密集型产业出现了飞速发展。金融危机后，各产业的增加值需求依赖度呈现不断下降趋势，但劳动密集型产业关联度仍然较高。

表 8　基于增加值贸易测算的中国与东北亚区域内各国产业发展需求依赖度

日本				韩国				俄罗斯			
部门	2000 年	2008 年	2015 年	部门	2000 年	2008 年	2015 年	部门	2000 年	2008 年	2015 年
C4	11. 09	5. 68	4. 76	C14	1. 62	1. 71	1. 41	C4	0. 57	4. 11	2. 02
C5	5. 42	4. 57	5. 37	C4	1. 44	1. 47	1. 24	C5	0. 36	6. 94	4. 01
C2	4. 95	2. 80	1. 71	C2	1. 30	1. 36	0. 75	C9	0. 22	1. 11	0. 50
C10	4. 86	3. 95	3. 37	C12	1. 12	1. 64	0. 89	C16	0. 20	0. 70	0. 41
C16	4. 65	3. 76	2. 75	C8	1. 12	1. 20	0. 75	C8	0. 18	0. 78	0. 32

续表

日本				韩国				俄罗斯			
部门	2000 年	2008 年	2015 年	部门	2000 年	2008 年	2015 年	部门	2000 年	2008 年	2015 年
C9	4. 20	3. 34	2. 33	C9	1. 09	1. 31	0. 87	C10	0. 14	1. 05	0. 32
C12	4. 03	2. 98	1. 89	C10	0. 99	1. 19	0. 78	C7	0. 13	0. 79	0. 28
C6	3. 81	2. 89	2. 90	C7	0. 93	0. 98	0. 63	C2	0. 13	0. 78	0. 34
C3	3. 53	1. 97	2. 96	C16	0. 78	1. 18	0. 91	C12	0. 10	0. 86	0. 39
C8	3. 38	2. 87	1. 77	C3	0. 66	0. 68	0. 63	C14	0. 09	1. 00	0. 58

资料来源：ADB – MRIO 整理计算。产业代码对应的产业名称详见研究数据来源部分注释。

六、研究结论及中国对策

本文从全球价值链分工增加值角度对东北亚区域分工网络中中国与各国的产业贸易平衡、产业竞争力、贸易关联机制、需求依赖度等进行深入探讨。传统贸易统计下中国与东北亚区域内各国的经贸关系出现了新的趋势，贸易逆差转为贸易顺差，且顺差额度在不断扩大。相比传统贸易统计下的双边贸易差额，增加值贸易统计下中国与东北亚区域内三国的贸易差额缩小。中国有出口竞争优势的产业主要还是集中在劳动密集型产业，但伴随着代工生产经验的积累和企业研发水平的提升，光电设备制造业等产业的出口竞争力由弱变强。日本、韩国出口竞争优势产业集中在机械设备制造业等产业，韩国像纺织材料和纺织产品等劳动密集型产业的出口竞争力出现大幅度的下降。俄罗斯出口竞争优势产业集中在资源、能源产业，其他产业竞争力较弱。中国与日本、韩国各产业增加值贸易关联度呈现明显的下降趋势，且呈现出随着产业技术密集度下降，贸易关联度降低幅度越大、贸易关联度越低的趋势。中国与韩国各产业增加值贸易关联度与日本比总体要低，但机械设备制造业呈现逐年上升趋势，在其他技术密集度较高的产业，近年来关联度下降的幅度相比日本也较小。中国与俄罗斯在各产业的增加值贸易关联度普遍较低，但不同于日韩，各产业贸易关联度都呈增长趋势明显。中国对日本的产业发展需求依赖度最高，资源、能源产业以及劳动密集型产业对日本的发展需求依赖度高，而高技术含量产业的需求依赖度较低。从发展趋势看，中国各产业对日本的需求依赖度近年来一直呈现下降趋势，而劳动密集型产业仍然保持较高的水平。说明在贸易总体呈下降趋势的背景下，日本劳动密集型产品最终需求对中国产业发展和经济增长的重要性仍较高。中国对韩国技术水平较高的光电设备制造业需求依赖度最高，金融危机后，中国各产业对韩国需求依赖弱化，韩国在中国外经贸及经济发展中的地位有所下降。金融危机之前，俄罗斯各产业的增加值贸易关联度都在不断提升，劳动密集型产业出现了飞速发展。金融危机后，劳动密集型产业关联度仍然较高，俄罗斯在中国劳动密集型产业发展中的作用在快速提升，贸易关联度和垂直专业化分工合作程度加强。综合考虑国内产业转型升级日益迫切、外向型发展战略向“一带一路”国家转移的背景，结合东北亚区域增加值贸易关系的分析结论，前瞻性地提出以下建议，促进自由贸易区等外向型发展战略调整，实现中国价值链地位攀升及重构。

（一）正确审视贸易差额，更加关注增加值贸易结构和贸易收益变化趋势

东北亚区域内价值链分工生产网络的存在，大量中间品贸易在各国间循环流转，造成了贸易的重复计算和贸易差额的高估，这不利于我国做出正确的贸易决策，促进贸易发展和获取贸易收益。应更加关注中国与日本、韩国、俄罗斯的贸易结构变化，发现中间品贸易规模和比例的变化趋势，若技术水平较高产业的贸易逆差主要由中间品贸易导致，可不必急于采取措施扭转贸易态势，而是首先在这种分工贸易模式下积极的积累生产经验和技术，从而向价值链高端环节跃升，贸易态势自然扭转，亦可获取更多的增加值贸易收益。

（二）制定差异化的国别产业贸易政策、促进高技术产业贸易关联和需求依赖度的提升

中国与东北亚区域内各国的产业增加值贸易关系呈现出差异化特征和不同的变化趋势。目前应顺应各国比较优势变化规律，重点加强与日韩高技术产业的贸易往来，通过更大幅度的关税减让、出口退税、补贴、降低非关税壁垒等措施，避免贸易大环境恶化带来的进一步贸易萎缩。在深化垂直专业化分工贸易合作中促进贸易关联和需求依赖度的提升，提高我国企业的贸易收益和技术水平。特别是考虑到韩国高技术产业贸易地位的相对提升，对与韩国的贸易应更加关注，给予更大程度的贸易政策扶持，促进贸易便利化。根据增加值贸易关联度、需求依赖度的分析，中国与俄罗斯在劳动密集型产业的分工生产合作朝着越来越紧密的趋势发展，这是未来一段时期中国与俄罗斯价值链分工合作的着力点和利益契合点。通过产业政策鼓励、深化边境经济合作区、境外经贸合作区合作等措施促进与俄罗斯劳动密集型产业产能合作是中国努力方向。

（三）增强政治互信，推进中日韩自贸区建设，塑造国际贸易新动能

中国与日韩的贸易合作关系弱化趋势明显，贸易增长动力不足问题突出。当前促进贸易开展，增强贸易活力，首先要通过沟通与协商机制的完善，增强各国间的政治互信，为经贸发展创造良好的政治环境，增强贸易信心。而在贸易大环境恶化的背景下要促进中、日、韩三国经贸合作持久发

展，迫切需要找寻到新引擎，塑造国际贸易新动能。在中韩自由贸易协定、RCEP 自贸协定基础上，进一步深化合作，通过规则和程序的修订，提升贸易便利化水平、贸易开放度和效率，推进中日韩自贸区建设，以更大程度的开放，解决开放发展中存在的问题，为深化多边经贸合作关系注入新动能。

（四）梯度强化优势产业竞争力，促进全球价值链地位提升及重构

在东北亚区域价值链分工生产过程中中国应根据自身产业竞争力情况，促进全球价值链地位提升以及中国为本位的价值链重构。根据改进的显示性比较优势指数，中国光电设备制造业等产业的出口竞争力由弱变强，在分工合作中生产经验得以积累、技术水平得到提升，中国应适时采取研发补贴、专项经费支持、产业政策促进等措施，争取在东北亚区域分工网络中的分工地位得以提升。而对于出口竞争优势较强的劳动密集型产业，要促进企业在高品质、高质量、品牌打造上做文章，以俄罗斯以及“一带一路”沿线发展中国家为合作重点，合理布局分工网络，促进以中国为本位的全球价值链重构，获取全球价值链的主导权，促进国内过剩产能化解、新贸易的创造和贸易收益的增加。

参考文献

[1] 陈元：《深化中俄经贸合作筑牢两国关系基石》，载《管理世界》2015 年第 1 期。

[2] 成新轩：《东亚区域产业价值链的重塑——基于中国产业战略地位的调整》，载《当代亚太》2019 年第 3 期。

[3] 冯晓玲、姜珊珊：《东北亚区域内贸易便利化提升的经济效应分析》，载《财经问题研究》2020 年第 12 期。

[4] 冯正强、白利利：《我国装备制造业技术水平测算及其影响因素研究——基于省际面板数据的比较分析》，载《经济与管理评论》2018 年第 2 期。

[5] 郭晓琼：《中俄经贸合作：新进展与新趋势》，载《俄罗斯学刊》2020 年第 4 期。

[6] 葛阳琴、刘晴：《东亚区域嵌入全球价值链分工的演变——基于区域内外生产关联的视角》，载《亚太经济》2020 年第 6 期。

[7] 郝宇彪：《中俄贸易合作水平的影响因素分析——基于贸易引力模型》，载《经济社会体制比较》2013 年第 5 期。

[8] 邝艳湘、向洪金：《国际政治冲突的贸易破坏与转移效应——基于中日关系的实证研究》，载《世界经济与政治》2017 年第 9 期。

[9] 孔庆峰、赵佳佳：《基于增加值出口视角的中欧双边贸易分析》，载《山东财经大学学报》2019 年第 2 期。

[10] 李丽：《“10＋3”框架下中日经贸关系——基于贸易流量指标和引力模型的分析》，载《现代日本经济》2015 年第 6 期。

[11] 李斌、谭蓉：《中韩两国政策对接背景下经贸合作提质升级的阻碍及策略分析》，载《江苏商论》2019 年第 10 期。

[12] 李博英:《高质量发展视角下中韩服务贸易发展研究》，载《国际贸易》2019年第8期。
[13] 欧定余、田野、张磊:《疫情冲击背景下的东北亚区域价值链构建研究》，载《东北亚论坛》2020年第6期。
[14] 沈铭辉、张中元:《推进东北亚区域合作的现实基础与路径选择》，载《东北亚论坛》2019年第1期。
[15] 万永坤:《“丝绸之路经济带”建设视域下的中俄贸易合作潜力分析》，载《兰州大学学报（社会科学版)》2017年第2期。
[16] 王直、魏尚进、祝坤福:《总贸易核算法：官方贸易统计与全球价值链的度量》，载《中国社会科学》2015年第9期。
[17] 肖雪、刘洪愧:《中国和日本在东亚价值链中的地位演变比较研究》，载《现代管理科学》2018年第5期。
[18] 尹伟华:《全球价值链视角下中日制造业国际竞争力的比较分析》，载《国际经贸探索》2016年第6期。
[19] 杨蕙馨、高新焱:《中国制造业融入垂直专业化分工全球价值链研究述评》，载《经济与管理评论》2019年第1期。
[20] 赵金龙、赵静媛、杨帆:《中澳、中韩FTA对我国经济、贸易和产业的影响研究》，载《上海大学学报（社会科学版)》2019年第5期。
[21] 张季风:《中日经贸关系70年回顾与思考》，载《现代日本经济》2015年第6期。
[22] 周曙东、肖宵、杨军:《中韩自贸区建立对两国主要产业的经济影响分析——基于中韩自由贸易协定的关税减让方案》，载《国际贸易问题》2016年第5期。
[23] Hummels, D., Ishii, J., and Yi, K. M., 2001: The Nature and Growth of Vertical Specialization in World Trade, *Journal of International Economics*, Vol. 54, No. 1.
[24] Koopman, R., Wang, Z., and Wei, S. J., 2014: Tracing value-added and double counting in gross exports, The *American Economic Review*, Vol. 104, No. 2.
[25] Timmer M. P., Erumban A. A., Los B., Stehrer R., and Vries, G. J. D., 2014: Slicing Up Global Value Chains, *Journal of Economic Perspectives*, Vol. 28, No. 2.

Trade Balance, Trade Association and Demand Dependence in Northeast Asia Regional Value Chain Cooperation

Mingliang Zhao　Jie Gao　Qing Liu

Abstract: The profound changes of global value chain division, increasingly complicated global economic and trade situation have extremely important influence on China's international trade, industrial transformation and "Belt and Road" initiative. Northeast Asia has been playing a very important role in China's global value chain trade. This paper first analyzes the regional trade situation of Northeast Asia under the traditional trade statistics, and then based on the Asian Development Bank multiregional input-output table (ADB – MRIO) data, learn from value-added trade accounting method of Koopman et al. (2014), Wang Zhi (2015), improve and build relevant value added trade indicators. This paper makes an analysis of the industrial trade balance, trade linkage and demand dependence in global value chain division between China and northeast Asia, fond out the vertical specialization mechanisms between China and other countries, trends in status changes and real trade gains. The following countermeasures and suggestions are proposed: Correctly examine the trade balance and pay more attention to trade structure and trade income change trend of value added trade; Formulating a differentiated industrial trade policy and making efforts to promote the trade linkage and demand-dependence of the high-tech industry; Enhance political mutual trust, accelerate the construction of China – Japan – South Korea Free Trade Area and create new momentum for international trade; Step by step to strengthen industrial competitiveness, to promote the status of global value chain and reconstruct China-based value chain.

Key Words: Global Value Chain Regional Vertical Specialization Network Trade Relationship Demand Dependence

JEL Classification: F14 F43

后疫情时期契约农业对农户收入信心影响的实证研究

孙军娜* 雷宏振 睢 博 刘 超

摘 要： 本文以新型冠状病毒肺炎事件为例，研究后疫情时期契约农业是否有助于提升农户收入信心。首先，基于生产函数理论建立数理模型，分析契约农业对农户收入信心的影响。其次，将农户从签订契约的合同商处得到的社会支持分为后疫情时期采取的有效防控措施、提供饲料来源等降低生产困难、疫情及生产相关信息、协助农户更快恢复生产生活四个方面，研究契约农业如何通过社会支持影响农户收入信心。选取 229 户农户调查问卷数据进行实证分析，估计结果显示，契约农业提升农户收入信心。为避免遗漏变量导致估计结果偏差，实证分析时引入户主及家庭特征等控制变量。最后，文章建议地方政府应该加大契约农业的推广，并加强疫情及生产等信息的宣传，加快本地生产生活恢复等。研究结论为契约农业的进一步推广提供理论解释，并对于后疫情时期提升农户收入信心、确保农户稳定增收具有指导意义。

关键词： 契约农业 收入信心 后疫情时期

一、引 言

2020 年中央一号文件《中共中央 国务院关于抓好“三农”领域重点工作确保如期实现全面小康的意见》明确指出“坚决打赢脱贫攻坚战”“保障重要农产品有效供给和促进农民持续增收”，农民持续增收是解决“三农”

* 本文受国家自然科学青年基金项目“文化距离影响中国海外直接投资企业创新的理论机制及实证研究”（71904113）、陕西省 2020 年社科界重大理论研究项目“陕西种植业家庭农场经营模式创新研究”（2020Z135）、渭南市科技局 2020 年基础研究计划项目“渭南地区农村电子商务发展效应研究”（2020ZDYF－JCYJ－159）资助。

孙军娜：陕西师范大学国际商学院；地址：陕西省西安市长安区西长安街 620 号，邮编 710119；渭南师范学院经济与管理学院；地址：陕西省渭南市朝阳大街中段，邮编 714099；Email：na19831019@126.com。

雷宏振：陕西师范大学国际商学院；地址：陕西省西安市长安区西长安街 620 号，邮编 710119；Email：leihongzhen@snnu.edu.cn。

睢博：陕西师范大学国际商学院；地址：陕西省西安市长安区西长安街 620 号，邮编 710119；Email：suibolearn@snnu.edu.cn。

刘超：陕西师范大学国际商学院；地址：陕西省西安市长安区西长安街 620 号，邮编 710119；Email：18829037117@163.com。

问题的关键。第三次农业普查数据显示，2017 年全国农业经营户 2.07 亿户，农业生产经营人员合计 3.14 亿人，约 2.84 亿农村居民以家庭为单位从事农业生产经营活动①。传统家庭农场式的生产方式因为对抗不确定风险的能力弱，农户收入波动大。已有研究表明，地震等天灾产生的负的外部性会降低农户对于生产生活的信心（郝辽钢、赵江明，2008）。2020 年 1 月，全国大面积暴发新型冠状病毒肺炎。在国内疫情逐步被控制后，疫情在其他国家又迅速传播开来，形势比中国更加严峻，并不断地输入到境内。常态化的疫情防控对人们的生产生活造成不同程度的影响，特别是获取疫情相关信息渠道较少、信息不对称的农户。疫情来临时新增加的生产困难、外出务工机会的减少等，都会降低农户对自己所处环境及对未来生活的预期，这种悲观情绪可能会因为信息不对称及信息扩散程度，影响农户对未来收入的信心。

农户收入信心强，能够以更加积极的心态投入生产，有助于农民积极生产稳定增收；农户收入信心弱，会降低生产积极性，进而缩减下一年度生产规模等。契约农业通过合同商提供给农户生产资料及疫情、生产相关信息等增加农户社会支持，社会支持越强的农户感知到的对于负面事件的自我应付能力越强，对未来收入的信心越强。后疫情时期，农户收入信心受到多种因素影响，如何缓解疫情冲击进一步提升农户收入信心，对于巩固脱贫攻坚成果，保障重要农产品有效供给及实现农民增收具有重要意义。契约农业是否有助于提升农户收入信心，是本文的研究目标。

二、理论分析与研究假说

关于农户收入信心，学术界研究甚少。信心指的是人们对于未来事情发生概率的信念，信心强则认为预期中较好的事情未来实现概率大，信心弱则认为实现概率小（Siegrist et al.，2003）。本文将农户收入信心定义为期望中较好的收入是否可以实现，农户收入信心强，认为期望中较好的收入可以实现；农户收入信心弱，认为期望中较好的收入可能无法实现。由于生产过程中将会面临不确定风险的不可控等情况，农户在做出生产决策时，不仅考虑生产利润，还考虑生产风险（刘莹、黄季焜，2010）。对于风险的有效管理，有助于农户从持续贫穷转向资产积累与生产力和盈利能力的提高（周志霞，2016）。而契约农业②可以整合农业生产和销售等垂直产业链环节的生产力，

① 资料来源：http：//www.chyxx.com/industry/201801/603051.html。

② 本文契约农业指“公司+农户”“合作社+农户”“公司+合作社+农户”等形式，农户通过参加契约农业可以获得公司或合作社提供的新品种、生产技术指导及销售保障等。

有效抗击生产过程中出现的不确定风险。当不确定风险冲击来临时，已签订的契约可以有效减弱风险冲击，降低不确定风险带来的利益损失。Knoeber and Thurman（1995）使用模拟方法测量契约农业与农户对抗风险之间的关系，跟踪调查1981～1985年75户肉鸡养殖户发现通过契约农业可以转移价格风险及生产风险。而且，为了更好地规避生产风险和价格风险，越是风险厌恶程度高的农户越倾向于通过契约农业的形式规避风险。Johnson and Foster（1994）对美国生猪养殖户进行调研发现，越是风险厌恶者，即不愿意承担不确定风险带来的冲击，越倾向于参加契约农业。参与契约农业能降低农户面临的生产风险和销售风险，风险厌恶程度越高的农户越倾向于参与契约农业以规避风险（Vukina and Leegomonchai，2006）。Marenya et al.（2014）对马拉维农户签订契约农业的情况进行研究时发现，农户认为契约农业具有“保险”功能而更倾向于选择签订契约农业，签订契约的农户能够以更加积极的心态投入生产。特别是以家庭为生产单位的农户，参加契约农业可以有效降低农户面临的潜在风险（毛慧等，2018）。不论是帮助农户降低生产风险，还是契约农业提供的“保险”功能，均能有效帮助农户对抗生产过程中不确定因素带来的影响，从而帮助农户最大可能实现生产收益。

社会支持分为两类，一类是物质上的援助与直接服务；另一类是被支持、被引导的情绪体验。社会支持通过提高感知到的自我应付能力，降低心理应激水平，减轻对压力事件严重性的评价，进而恢复心理信心。农户在受到疫情等负面事件影响时，社会支持有助于农户提高自我应付能力，恢复生产生活信心（李强，1998）。已有研究表明，为了有效对抗疫情冲击，养殖户普遍采用减少养殖数量、定期消毒等防控措施（Obayelu，2007）。尽管采取相关措施，但仍然因为封城封路等，农户面临比平时更多的生产困难，特别是家禽牲畜等生产资料的购买、因疫情影响导致的幼崽价格上涨等（于乐荣等，2009）。签订契约农业的合同商通过指导生产过程及提供生产资料等，提高农户感知到对抗疫情能力，恢复生产生活信心。农户获取疫情及生产信息主要有三种渠道：来自农户之间相互传播的私人信息、政府网站宣传等官方传播的公共信息及来自抗疫专家、高校科研院所等关于疫情分析的专家信息（韩军辉、李艳军，2005）。相比城市，农村受网络设备及信号限制，加之很多农户受教育程度低或不会使用智能手机等，农户接收信息的渠道一般为各级政府及村干部宣传、与亲戚或其他农户沟通、看电视及上网等。农户获取信息的渠道反映了农户对于疫情及防控信息的获取能力，获取信息的来源越广，农户对于疫情信息的甄别越科学，对于生产生活的恢复越有信心（Wang et al.，2014）。农户接收信息渠道越多，对于信息的了解越全面，越容易理性看待疫情并对生产生活做出理性规划，提升收入信心。面对疫情冲击，农户的生产生活相较以往增加很多困难，签订契约的农户可以从合同商处获得更多帮助，尽快恢复生产生活。以上所列农户从签订契约的合同商处得到的帮助，增加农户社会支持，降低农户对于负面事件的敏感度，提升收入信心。

农村居民家庭收入主要由四个部分组成：种植养殖等生产经营性收入、务工收入、政府补贴等转移性收入、土地流转及出租房屋等财产性收入等。其中生产经营性收入主要来自于农产品生产与销售，受自然风险和市场风险影响较大（芦千文等，2020）。在我国，一次疫情的发生会造成农户人均养殖收入降低 65%，人均收入降低 29%（尤亮等，2019）。家庭种植养殖等生产经营活动，即农户生产资料的购买、疫苗注射等，疫情期间受到不同程度的影响。总体上看，不论是推迟返岗还是受疫情影响未返岗，农户外出务工收入相比往年均有减少（程国强、朱满德，2020）。由于政府补贴如低保金、农林补等转移性收入不具有普惠性，农户收入中财产性收入占比小，因此，来自政府的直接转移支付及占比小的财产性收入波动幅度，并不是影响农户收入的决定性因素（于乐荣，2019；邱守明等，2017）。因此，本文在分析农户收入信心时，主要考虑种植养殖等生产经营性收入。

基于以上文献分析，契约农业可以帮助农户降低生产过程中不确定因素带来的风险，带有“保险”性质的契约农业，使农户收入更加稳定。特别是面对疫情冲击时，签订契约的农户可以从合同商处获得生产资料及生产信息，缓解疫情带来的生产困难。相比其他农户，参加契约农业的农户可以从合同商处获取疫情及生产信息，并在合同商的指导下有序恢复生产，提升收入信心。假设农户生产符合 C－D 生产函数 $Q=F(L,K)$ 且希克斯中性，其中 Q 表示农户的农产品产量，L 表示农户可以用来进行生产的劳动力，K 表示农户用来进行生产经营性活动的资本存量，本文仅指用于生产经营性活动的资本存量。根据前文关于农户收入信心的定义，假设 θ 为农户认为较好的收入是否会实现，$\theta\in\Omega(0,1)$。假定不参加契约农业的农户 θ 实现时概率为 p，不能实现时概率为 $1-p$；参加契约农业的农户 θ 实现时概率为 p'，不能实现时概率为 $1-p'$。假设后疫情时期农户不参加契约农业时的期望收入为 $E(Y)=\sum p_\theta\cdot P_Q\cdot Q(L,K)$，其中 p_θ 为农户认为较好的收入发生的概率，P_Q 为农产品销售价格；参加契约农业时的期望收入为 $E'(Y)=\sum p'_\theta\cdot P'_Q\cdot Q'(L,x)$，其中 x 表示农户参加契约农业时的生产资料投入。于是

$$\begin{aligned} E'(Y)-E(Y) &= \left(\sum p'_\theta\right)\cdot P'_Q\cdot Q'(L,x)-\left(\sum p_\theta\right)\cdot P_Q\cdot Q(L,K) \\ &= \sum p'_\theta\cdot P'_Q\cdot Q'(L,x)-\sum p_\theta\cdot P_Q\cdot Q(L,K) \\ &= \sum\left[p'_\theta\cdot P'_Q\cdot Q'(L,x)-p_\theta\cdot P_Q\cdot Q(L,K)\right] \end{aligned} \quad (1)$$

计算式（1）可知，当 $p'_\theta/p_\theta>P_Q\cdot Q(L,K)/P'_QQ'(L,x)$ 时，参加契约农业的农户认为更容易实现较好的收入，即农户收入信心更大；当 $p'_\theta/p_\theta\leq P_Q\cdot Q(L,K)/P'_QQ'(L,x)$ 时，契约农业并不能有效提升农户收入信心。

进一步分析，毛慧等（2018）研究认为参与契约农业可以有效提升农户对抗不确定风险的能力，即 $\sum p'_\theta > \sum p_\theta$；参与契约农业的农户可以得到合同商提供的农用机械及资金支持以缓解投资困难，并能及时获取生产信息以便更加科学规划生产计划，即 $x \geqslant K$，得到 $Q'(L, x) \geqslant Q(L, K)$。因此，变量 P_Q、P'_Q，即农产品契约价格与市场行情价格决定 $E(Y)$、$E'(Y)$ 的大小。当 $P'_Q \geqslant P_Q$ 时，即农产品契约价格高于等于市场行情时，$E'(Y) > E(Y)$，即契约农业显著提升农户收入信心；当 $P'_Q < P_Q$ 时，即农产品契约价格低于市场行情时，无法确定 $E(Y)$ 与 $E'(Y)$ 的大小，即契约农业可能提升农户收入信心，也可能不影响或者降低农户收入信心。

综合以上分析，本文进一步通过实证分析检验，契约农业是否通过提供生产资料、帮助解决后疫情时期面临的生产困难等增加农户的社会支持，提升农户收入信心，研究假设框架如图 1 所示。

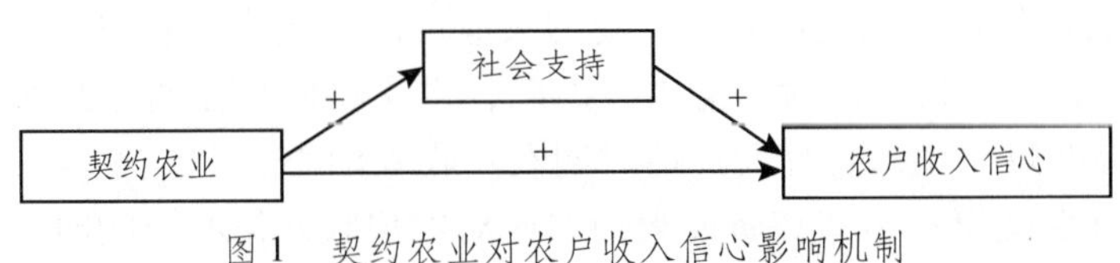

图 1　契约农业对农户收入信心影响机制

三、模型、变量与数据来源

（一）数据来源

根据 2018 年各省农业总产值占全国农业总产值比例排名情况，样本选取的西部某省份排名居中，养殖户总数占全国养殖户总数比例为 57.14%。全省以家庭为单位的农户收入占比中，生产经营性收入占比平均达到 63.26%，选取省份具有一定的代表性。疫情发生于 2020 年 1 月，农户秋播已经结束，相比养殖性生产，种植性生产受影响较小。因此，本文主要研究养殖户生产经营性收入信心。首先按照地理位置将全省划分为 3 个区域，每个区域按照经济发展水平选择 2 个地级市，所选取的 6 个地级市养殖户数量占全省养殖户数量比例为 73.41%。每个地级市选取养殖规模较大与养殖规模较小的县（区）各 1 个确定抽样调查范围。在此基础上，根据县属村庄中养殖户数的多少，从每个县（区）筛选出养殖户数较多、一般、较少等三个层次的村庄进行样本调查。本文一共从 6 个地级市 12 个县（区）36 个村庄，选取养殖规模为养鸡 >50 只、养羊 >10 只、养猪 >10 头、养牛 >3 头（本文选择这个界限，是基于以往实地调研结果，此规模以上的养殖户均能绝对获益）的养殖户 272 户作为主要研究对象。因农户种植规模受家庭人口数量等客观条件限制，本文所选取的样本中对农户种植规模没有限制。受各地级市地理环境影响，样本数量最多的县（区）为 42 户，最少的为 12 户，总样本数量为 272 户，平均每个村庄 22.667 户，标准差为 7.349。对 272 户样本农户进行一对一电话访谈，详细了解农户是否参与契约农业、获取疫情及生产信息渠道、当地生产生活恢复情况、种植养殖采取何种疫情防控措施、受疫情影响生产生活面临困难、农户对于 2020 年收入信心等。删除掉 43 户无效问卷，保留 229 户新型冠状病毒肺炎疫情影响的农户问卷，样本有效率为 84.20%。

（二）变量解释

（1）农户收入信心。本文农户收入信心指农户在后疫情时期，通过采取相关措施后生产生活逐步恢复，对生产生活中较好收入实现的期望。因此，本文将农户收入信心作为主要被解释变量，分为五种情况：非常没有信心、没有信心、一般、有信心、非常有信心。

（2）农户是否参加契约农业。契约农业可以有效降低农户所面临的不确定风险，增强农户抗击风险的能力。因此，本文将农户是否参加契约农业作为主要解释变量，用来解释后疫情时期农户收入信心。

（3）社会支持：本文在研究契约农业对农户收入信心影响时，将社会支持作为契约农业提升农户收入信心的传导路径，包括四个方面：

①疫情期间采取措施：本文在参考 Obayelu（2007）、宋金田等（2019）学者研究的基础上，针对本次新型冠状病毒肺炎，家有养殖的农户所能采取的防控措施主要有：延迟出栏、减少养殖数量、定期消毒、疫苗防控及不采取任何措施等。

②目前所面临的养殖困难：本文将疫情期间养殖户所面临的养殖困难分为：养殖设备的修缮、饲料价格上涨、幼崽成本太高、销售困难及没有任何困难等。

③信息来源渠道：本文将疫情及生产等相关信息来源渠道分为单一渠道及两种或两种以上渠道。

④农户生产生活恢复情况：指在签订契约的合同商及农户双方努力下，后疫情时期农户生产生活恢复情况，分为五种情况：完全没有恢复、没有恢复、一般、恢复、完全恢复。

（4）户主个人特征及家庭特征：为了避免遗漏变量而导致回归结果有偏差，本文将户主个人特征及家庭特征等相关变量作为模型回归的控制变量。主要包括：是否为建档立卡户、户主年龄、家庭人口、家庭拥有农用机械数量、2019 年家庭人均纯收入、外出务工者是否按期返岗、2020 年生产经营计划（包括计划耕地面积与计划养殖规模，分为三种情况：减少、不变与增加）等。

（三）描述性统计分析

本文所选取的229户农户中，51户农户表示对收入非常有信心，98户表示有信心，52户表示一般，26户表示没有信心，2户表示非常没有信心，总样本均值为3.742。参与契约农业的农户有174户，占样本总数的75.98%，总样本均值为0.760。参与契约农业的174户中有137户表示有信心。后疫情时期，农户采取不同防控措施如延迟出栏、减少养殖数量等（M），均值为0.860，标准差为0.347。农户生产方面，普遍表示种植类生产资料购买等不受影响，但牲畜养殖因为需要购买饲料及幼崽等面临困难（D），均值为0.096，标准差为0.295。农户获取疫情及生产信息来源渠道均值为0.454，标准差为0.499。农户生产生活恢复情况中最大值为5，最小值为2，均值为4.140，标准差为0.730，如表1所示。

表1　变量定义与描述性统计

变量名		定义	观测值个数	均值	标准差	最小值	最大值
icon		农户对于2020年家庭收入信心（非常没有信心=1，没有信心=2，一般=3，有信心=4，非常有信心=5）	229	3.742	0.959	1	5
cf		农户参加契约农业（是=1，否=0）	229	0.760	0.428	0	1
S	M	疫情期间采取防控措施如：延迟出栏、减少养殖数量、定期消毒、疫苗防控等（是=1，否=0）	229	0.860	0.347	0	1
	D	疫情期间面临生产困难如：养殖设备修缮困难、饲料价格上涨困难、幼崽成本上升困难、销售困难（是=1，否=0）	229	0.096	0.295	0	1
	infor	疫情及生产等相关信息来源渠道（单一渠道=1，两种及两种以上渠道=2）	229	0.454	0.499	1	2
	pr	农户生产生活恢复情况（非常差=1，差=2，一般=3，好=4，非常好=5）	229	4.140	0.730	2	5
low		农户属于建档立卡户（是=1，否=0）	229	0.830	0.377	0	1
age		户主年龄	229	55.939	10.526	28	83
fp		家庭人口	229	2.432	1.331	0	7
pro		农户拥有农用机械（是=1，否=0）	229	0.550	0.499	0	1
perinc		2019年家庭人均纯收入	229	4.175	0.329	3.412	5.483

续表

变量名	定义	观测值个数	均值	标准差	最小值	最大值
rew	家庭外出务工者按期返岗（是 =1，否 =0）	229	0.476	0.501	0	1
culp	2020 年耕地计划（减少 =1，不变 =2，扩大 =3）	229	2.122	0.378	1	3
bp	2020 年养殖计划（减少 =1，不变 =2，扩大 =3）	229	2.437	0.622	1	3

注：为保证方程稳健性，对 2019 年家庭人均纯收入取对数处理。

（四）计量模型

考虑到截面数据容易产生异方差现象，首先对 229 户农户数据进行古典线性回归，在同方差的原假设 H_0 前提下，怀特检验结果显示，P 值等于 0.000，拒绝同方差的原假设，认为存在异方差，如表 2 所示。

表 2 异方差怀特检验结果

White's test for Ho：homoskedasticity			
against Ha：unrestricted heteroskedasticity			
chi2(15) =28.64			
Prob > chi2 =0.0179			
Cameron & Trivedi's decomposition of IM – test			
Source	chi2	df	p
Heteroskedasticity	28.642	15	0.018
Skewness	85.007	5	0.000
Kurtosis	2.550	1	0.110
Total	116.189	21	0.000

考虑到存在异方差及模型的稳健性，本文使用“OLS + 稳健标准差”回归：

$$\begin{cases} S = \beta_0 + \beta_1 cf + Control_i + f_1 \\ icon = \beta_0' + \beta_1' S + Control_i + f_1' \\ icon = \beta_0'' + \beta_1'' cf + \beta_2 S + Control_i + f_1'' \end{cases} \tag{2}$$

式（2）中 icon 为被解释变量，表示后疫情时期农户收入信心，cf 表示农户是否参与契约农业，S 表示农户通过签订契约农业的合同商得到的社会支持，包括疫情防控期间采取的有效防控措施、帮助解决面临的生产困难、有关疫情及生产信息的宣传、帮助尽快恢复生产生活等，Control 表示户主个人特征及家庭特征等的控制变量，包括是否为建档立卡户、户主年龄、家庭人口、家庭拥有农用机械数量、2020 年生产经营计划等，f_1、f_1'、f_1''为随机扰动项。

四、实证分析

（一）估计结果分析

本文采用 Stata15.0 软件对 229 户农户数据进行分析，表 3 所列为农户 2020 年契约农业对农户收入信心影响的估计结果。

表 3　契约农业对农户收入信心影响的“OLS + 稳健标准差”估计结果

变量	模型 1		模型 2		模型 3		模型 4		模型 5
	M	icon	D	icon	infor	icon	pr	icon	icon
low	-0.030 (-0.559)	-0.107 (-0.622)	0.020 (0.461)	-0.082 (-0.487)	-0.119 (-1.490)	-0.072 (-0.423)	-0.004 (-0.077)	-0.073 (-0.535)	-0.011 (-0.084)
age	-0.005** (-2.250)	0.010 (1.551)	-0.002 (-1.078)	0.008 (1.316)	-0.023*** (-7.366)	0.016** (2.098)	0.001 (0.460)	0.008 (1.400)	0.009 (1.393)
fp	-0.030* (-1.805)	-0.048* (-0.998)	-0.005 (-0.296)	-0.045 (-0.965)	-0.018 (-0.721)	-0.041 (-0.860)	0.002 (0.158)	-0.034 (-0.848)	-0.013 (-0.351)
pro	-0.026 (-0.558)	-0.009 (-0.071)	-0.015 (-0.405)	-0.009 (-0.075)	0.003 (0.053)	-0.007 (-0.056)	0.044 (0.966)	-0.037 (-0.345)	0.020 (0.201)
perinc	0.006 (0.096)	-0.078 (-0.395)	0.073 (1.252)	-0.016 (-0.084)	-0.004 (-0.039)	-0.076 (-0.402)	-0.026 (-0.366)	-0.028 (-0.167)	0.008 (0.054)
rew	0.047 (0.848)	-0.106 (-0.669)	-0.072* (-1.717)	-0.161 (-1.086)	-0.101 (-1.450)	-0.079 (-0.509)	-0.024 (-0.463)	-0.066 (-0.495)	-0.053 (-0.450)
culp	0.072 (1.324)	0.525*** (2.725)	-0.021 (-0.457)	0.497*** (2.738)	0.033 (0.357)	0.511*** (2.644)	-0.033 (-0.609)	0.541*** (3.366)	0.490*** (3.705)
bp	0.095* (1.864)	0.168 (1.238)	0.020 (0.581)	0.171 (1.406)	0.017 (0.315)	0.157 (1.213)	-0.039 (-0.955)	0.192 (1.618)	0.161 (1.534)
cf	0.108* (1.767)		-0.187*** (-3.188)		0.064** (1.981)		0.322*** (4.606)		0.804*** (5.540)
M		0.244** (2.205)							0.223* (1.865)

续表

变量	模型1		模型2		模型3		模型4		模型5
	M	icon	D	icon	infor	icon	pr	icon	icon
D				-0.778*** (-3.484)					-0.283*** (-2.983)
infor						0.277* (1.698)			0.190** (2.443)
pr								1.374*** (11.285)	0.957*** (7.577)
Constant	0.762** (2.172)	2.302** (2.360)	0.094 (0.308)	2.235** (2.329)	1.786*** (3.513)	1.758* (1.756)	0.813** (2.533)	0.832 (0.942)	0.521 (0.593)
F-test	3.736	3.819	2.048	3.391	12.055	3.941	2.832	17.206	24.326
R-squared	0.198	0.170	0.114	0.125	0.280	0.185	0.156	0.322	0.455

注：***表示1%的水平下显著，**表示5%的水平下显著，*表示10%的水平下显著。系数下方括号内为t值。

表3中所列模型为契约农业对农户收入信心影响的估计结果，模型1表示后疫情时期契约农业通过影响农户的有效防控措施，进而影响农户收入信心。参与契约农业的农户面对采取的疫情防控措施，可能会有一些心理负面影响，经过签订契约的合同商疏导后，以更加客观的心态实施疫情防控有效措施。疫情期间采取的有效措施增加了农户的社会支持，减弱负面事件带来的悲观情绪（李强，1998），进而在5%的显著性水平下正向影响农户收入信心。模型2表示后疫情时期契约农业通过减弱农户所面临的生产困难影响农户收入信心，模型估计结果显示，契约农业在1%的显著性水平下负向影响后疫情时期农户面临的生产困难，即有效减弱农户面临的生产困难。农户面临的生产困难在1%的显著性水平下负向影响收入信心，即农户面临的生产困难越大，收入信心越低。后疫情时期农户面临饲料价格上涨等生产困难，签订契约的合同商可以为农户提供饲料或饲料购买来源，有助于农户尽快恢复正常生产，提升收入信心，这一估计结果与Marenya et al.（2014）研究结论一致。已有研究认为，负面事件信息来源越少，认知越敏感，越容易引起悲观情绪（Wang et al.，2014）。农户因为自我认知水平及网络设备等限制，对于疫情及生产信息的认识不够全面，模型3表示后疫情时期，签订契约农户可以从合同商处获得更多的有关疫情及生产的信息，可以有效降低疫情冲击带来的悲观情绪，提升农户收入信心。后疫情时期，合同商提供的生产资料、技术指导及疫情等相关信息，契约农业有助于农户尽快恢复生产（Knoeber and Thurman，1995），提升收入信心。模型4估计结果显示，契约

农业在1%的显著性水平下正向影响农户生产生活恢复情况，农户恢复生产生活越快，收入信心越强。契约农业通过协助农户采取有效防控措施、降低生产困难、进行疫情及生产信息的宣传及帮助农户尽快恢复生产活动等，增加农户的社会支持，进而提升农户收入信心。模型5分析主要解释变量对农户收入信心的影响，估计结果与契约农业通过社会支持的传导机制影响农户收入信心估计结果一致。模型5估计结果显示，契约农业、后疫情时期采取的有效防控措施、疫情及生产等信息的宣传及农户生产生活恢复的情况，均正向显著影响农户收入信心。

本文为了避免遗漏变量对模型估计结果偏差，加入户主个人及家庭特征等控制变量。估计结果显示，控制变量中农户年龄在5%的显著性水平下负向影响后疫情时期采取的有效防控措施，这可能与农户年龄越大所经历事情越多，越能平和看待突发疫情，不愿意采取更加科学的疫情防控措施有关，这一结论与已有学者研究结论一致（郝辽钢，2008）。农户年龄在1%的显著性水平下负向影响疫情及生产等信息来源，这可能与年长的农户没有网络信息来源有关。姜长云（2008）研究认为，非农收入的不确定性降低农户收入稳定性，进一步影响农户对未来生产生活的信心。本文实证分析结果显示，外出务工者是否按时返岗并不显著影响农户收入信心。这可能与新型冠状病毒肺炎发生期间，全国各地各行各业均受到影响，疫情影响面积之大，非农户自己所能对抗有关。农户外出务工以建筑业和服务业为主，这些行业均因疫情影响而暂停营业，农户自身无力对抗。调研结果显示，对于农户家有常年外出务工者没有按期返岗的原因中，只有16%的农户表示没有合适的工作，81%的农户表示考虑到疫情传播，暂时不想外出。因此，虽然外出务工收入占据农户家庭收入很大一部分，但是，家有外出务工者是否按期返岗并不显著影响农户收入信心。模型估计结果与调查事实一致。估计结果显示，农户种植计划正向影响农户收入信心。农户耕地计划在1%的显著性水平下正向显著影响农户收入信心，这可能与农户在对未来收益有所期望时，会扩大其耕地面积有关（刘莹、黄季焜，2010）。后疫情时期，越是愿意扩大耕地面积的农户，越期望未来有较好的收入，收入信心越强。

（二）估计结果稳健性检验

为进一步证明表3中估计结果的稳健性，本文将农户收入信心中表示非常有信心、有信心者，重新赋值1，表示非常没有信心、没有信心及一般者，重新赋值0。采用probit模型进行分析，结果如表4所示，与表3估计结果基本一致。

表 4 契约农业对农户收入信心影响的 probit 估计结果

变量	模型 1		模型 2		模型 3		模型 4		模型 5
	M	icon	D	icon	infor	icon	pr	icon	icon
low	-0.118 (-0.389)	-0.226 (-0.952)	0.226 (0.640)	-0.200 (-0.835)	-0.338 (-1.363)	-0.169 (-0.717)	-0.082 (-0.262)	-0.204 (-0.801)	-0.024 (-0.084)
age	-0.028** (-2.421)	0.007 (0.755)	-0.019 (-1.448)	0.006 (0.670)	-0.071*** (-5.381)	0.020* (1.888)	0.003 (0.315)	0.005 (0.530)	0.018 (1.310)
fp	-0.140* (-1.682)	-0.019 (-0.276)	-0.038 (-0.334)	-0.011 (-0.155)	-0.052 (-0.642)	-0.002 (-0.028)	0.006 (0.078)	0.002 (0.030)	0.030 (0.346)
pro	-0.127 (-0.560)	-0.027 (-0.150)	-0.077 (-0.309)	-0.021 (-0.115)	0.068 (0.363)	-0.019 (-0.108)	0.311 (1.382)	-0.095 (-0.478)	-0.117 (-0.528)
perinc	0.042 (0.119)	-0.323 (-1.151)	0.539 (1.343)	-0.279 (-0.966)	-0.058 (-0.206)	-0.332 (-1.205)	-0.255 (-0.744)	-0.342 (-1.004)	-0.303 (-0.858)
rew	0.250 (0.972)	-0.230 (-1.121)	-0.502 (-1.610)	-0.300 (-1.458)	-0.342 (-1.638)	-0.182 (-0.888)	-0.080 (-0.295)	-0.218 (-0.965)	-0.200 (-0.804)
culp	0.459 (1.204)	0.522** (2.025)	-0.114 (-0.377)	0.501* (1.941)	0.114 (0.439)	0.490* (1.885)	-0.120 (-0.463)	0.722** (2.347)	0.852*** (3.025)
bp	0.445** (2.168)	0.043 (0.266)	0.169 (0.867)	0.030 (0.193)	0.057 (0.338)	0.024 (0.154)	-0.191 (-0.872)	0.114 (0.673)	0.119 (0.627)
cf	0.474** (1.980)		-1.046*** (-4.349)		0.216** (2.010)		1.277*** (5.696)		1.569*** (5.229)
M		0.183*** (2.693)							0.990*** (3.118)
D				-0.710** (-2.396)					-0.244* (-1.752)
infor						0.503** (2.413)			0.767*** (2.672)
pr								2.663*** (5.600)	2.764*** (5.070)
Constant	0.610 (0.315)	0.674 (0.449)	-1.960 (-0.833)	0.517 (0.338)	4.054** (2.388)	-0.385 (-0.248)	1.776 (1.060)	-2.295 (-1.321)	-4.395** (-2.092)
Chi-square	21.235	47.135	27.691	42.556	44.308	22.256	38.832	37.466	63.659
Pseudo r-squared	0.124	0.250	0.178	0.240	0.229	0.143	0.170	0.266	0.422

注：*** 表示 1% 的水平下显著，** 表示 5% 的水平下显著，* 表示 10% 的水平下显著。系数下方括号为 z 值。

进一步计算 probit 模型准确预测的比率，由表 5 可以看出，模型准确预测率为（133 +53）/22 =83.04%。

表 5　probit 模型准确预测比率

Probit model for icon			
	--------True--------		
Classified	D	~D	Total
+	133	27	160
-	11	53	64
Total	144	80	224
Classified + if predicted Pr（D）> =.5			
True D defined as icon! =0			
Sensitivity		Pr(+ | D)	92.359%
Specificity		Pr(- | ~D)	66.251%
Positive predictive value		Pr(D | +)	83.127%
Negative predictive value		Pr(~D | -)	82.810%
False + rate for true ~D		Pr(+ | ~D)	33.753%
False - rate for true D		Pr(- | D)	7.636%
False + rate for classified +		Pr(~D | +)	16.881%
False - rate for classified -		Pr(D | -)	17.189%
Correctly classified			83.042%

五、结论与启示

本文以 2019 年爆发的新型冠状病毒肺炎为例，采用 229 户农户调查问卷数据，分析后疫情时期契约农业是否有助于提升农户收入信心。文章采用"OLS + 稳健标准差"分析契约农业通过提升农户的社会支持进而提升收入信心的传导机制进行分析，估计结果显示，契约农业通过指导农户采取更加有效的疫情防控措施等提升农户的社会支持，降低农户负面事件敏感度。对负面事件敏感度越低的农户，越能积极乐观地投入生产生活，收入信心越强。后疫情时期，签订契约的农户相较没有签订契约的农户，可以得到来自合同商的更多的社会支持，如指导采取有效防控措施、减轻饲料价格上涨等带来的生产困难、提供更加客观的疫情及生产信心、协助农户尽快恢复生产生活等，进一步提升收入信心。为了进一步检验模型稳健性，对农户收入信心重新赋值后，采用 probit 分析方法，得出结论基本一致。

基于以上研究，本文提出以下建议：首先，加大契约农业的推广。文章研究结论认为契约农业不仅可以提升农户收入信心，并能有效改变其他因素对农户收入信心的影响。因此，地方政府应该继续推广契约农业，鼓励农户通过订单、契约等形式提升对抗不确定风险的能力，进一步拓宽销售渠道，使农户可以“安心”生产、“放心”销售；由政府牵线搭桥，鼓励农产品加工、销售企业走进农村，为农业稳步发展保驾护航。契约农业不仅可以保障农户稳步增收，而且能促进农业种植养殖技术的推广，推动农业现代化规模化发展，为打赢脱贫攻坚战保驾护航。其次，加强疫情及生产等相关信息宣传。农户因受到自身文化程度及信息获取设备如网络等影响，特别是道听途说的疫情信息会增加农户对于疫情风险的感知，降低对未来生产生活的信心。地方政府应加大信息宣传力度，客观如实向农户传达疫情及生产相关信息，农户获取信息渠道越多，对于未知风险甄别能力越强，越能客观、理性看待未知风险，减弱负面情境带来的悲观情绪。不论是合同商提供的生产资料的保障，还是信息来源的渠道的增多，均能增强农户社会资本。社会支持越强的农户，收入信心越强，越能最大程度发挥生产积极性，不仅有效缓解疫情带来的负面影响，也可以进一步巩固脱贫攻坚有效成果。最后，加快当地生产生活恢复。新冠肺炎疫情暴发后，农户的生产生活均受到不同程度的影响。作为地方政府，在加大疫情及生产信息宣传时，还应该加快恢复生产生活，尽力帮助农户解决因为疫情所面临的生产生活困难，采取有效措施减缓疫情负面影响。后疫情时期，当地生产生活恢复越快，农户对未知风险感知越弱，越有助于提升收入信心，使其以更加积极的心态投入生产，进而保障重要农产品的有效供给，促进农户持续增收。

参考文献

[1] 程国强、朱满德：《2020 年农民增收：新冠肺炎疫情的影响与应对建议》，载《农业经济问题》2020 年第 4 期。

[2] 韩军辉、李艳军：《农户获知种子信息主渠道以及采用行为分析——以湖北省谷城县为例》，载《农业技术经济》2005 年第 1 期。

[3] 郝辽钢、赵江明：《汶川地震对成都城市品牌及民众信心影响的实证研究》，载《管理评论》2008 年第 12 期。

[4] 姜长云：《中国农民收入增长趋势的变化》，载《中国农村经济》2008 年第 9 期。

[5] 李强：《社会支持与个体心理健康》，载《天津社会科学》1998 年第 1 期。

[6] 刘莹、黄季焜：《农户多目标种植决策模型与目标权重的估计》，载《经济研究》2010 年第 1 期。

[7] 芦千文、崔红志、刘佳：《外部冲击与农村居民增收稳定性——基于新冠肺炎疫情影响的分析》，载《当代经济管理》2020 年第 6 期。

[8] 毛慧、周力、应瑞瑶：《风险偏好与农户技术采纳行为分析——基于契约农业视角

再考察》，载《中国农村经济》2018 年第 4 期。
[9] 邱守明、聂铭、朱永杰：《生态旅游发展如何影响农户收入——云南省国家公园的实证分析》，载《农村经济》2017 年第 7 期。
[10] 宋金田、青平、孙康泰、周晶：《规模化生猪养殖场户疫病防控措施采用影响因素分析——基于湖北生猪养殖场户调研数据》，载《中国畜牧杂志》2019 年第 4 期。
[11] 尤亮、杨金阳、霍学喜：《绝对收入、收入渴望与农民主观幸福感——基于陕西两个整村农户的实证考察》，载《山西财经大学学报》2019 年第 3 期。
[12] 于乐荣、李小云、汪力斌：《禽流感发生后家禽养殖农户的生产行为变化分析》，载《农业经济问题》2009 年第 7 期。
[13] 于乐荣：《影响贫困农户脱贫的动力及能力因素——基于河南 X 县实地调查数据》，载《南京农业大学学报（社会科学版）》2019 年第 3 期。
[14] 周志霞：《气候预测对农业决策的经济价值：文献综述与研究进展》，载《产业经济评论（山东大学）》2016 年第 2 期。
[15] Johnson, C. S. and Foster K., 1994: Risk Preferences and Contracting in the U. S. Hog Industry, *Journal of Agricultural and Applied Economics*, Vol. 26, No. 2.
[16] Knoeber, C. R. and Thurma, W. N., 1995: Don't Count Your Chickens: Risk and Risk Shifting in the Broiler Industry, *American Journal of Agricultural Economics*, Vol. 77, No. 3.
[17] Marenya, P., Smith, V. H., and Nkonya, E., 2014: Relative Preferences for Soil Conservation Incentives among Smallholder Farmers: Evidence from Malawi, *American Journal of Agricultural Economics*, Vol. 96, No. 3.
[18] Obayelu, A. E., 2007: Socio-economic analysis of the impacts of avian influenza epidemic on household's poultry consumption and poultry industry in Nigeria: empirical investigation of Kwara State. *Livestock Research for Rural Development*, Vol. 19, No. 1.
[19] Siegrist, M., Earle, T. C., and Gutscher, H., 2003: Test of a trust and confidence model in the applied context of electromagnetic field risks, *Risk Analysis*, Vol. 23, No. 4.
[20] Vukina, T. and Leegomonchai, P., 2006: Oligopsony Power, Asset Specificity and Hold-up: Evidence from the Broiler Industry, *American Journal of Agricultural Economics*, Vol. 88, No. 3.
[21] Wang, H. H., Wang, Y., and Delgado, M. S., 2014: The Transition to Modern Agriculture: Contract Farming in Developing Economies. *American Journal of Agricultural Economics*, Vol. 96, No. 5.

Empirical Study on the Impact of Contract Farming on Household Income Confidence in the Post-epidemic Period

Junna Sun　Hongzhen Lei　Bo Sui　Chao Liu

Abstract: In this paper, COVID – 19 incident was taken as an example and, to research whether contract farming can help restore household income confidence under the Post-epidemic Period. Firstly, the mathematical model is established on the basis of agricultural production risk coefficient, the impact of contract farming confidence in household income is assessed. Secondly, the household's social support which be divided into the effective prevention and control measures in the post-epidemic period, provide feed sources, information about the epidemic and production, will be involved in to research household income confidence. The questionnaire data of 229 households are selected for empirical study, the estimation results are showed that the household income confidence is improved. To avoid missing variable lead to estimate deviation, the household and family characteristics are introduced. Lastly, the suggestions are given that local government should promote contract farming, increase the production and epidemic information propaganda, and restore the local production and living speedily. It's provided theoretical explanation for further strengthening the extension of contract farming, and significance is guided for improving household income confidence and guarantee the stability of farmers' income in the post-epidemic period.

Key Words: Contract Farming　Income Confidence　The Post-epidemic Period

JEL Classification: R12　R21

附录：

收入信心	契约农业	疫情防控措施	面临生产困难	信息渠道	生产恢复	建档立卡	年龄	家庭人口	农用机械	人均收入	按期返岗	耕地计划	养殖计划
1	1	0	0	0	1	1	67	2	0	3. 91	1	2	2
0	1	0	0	0	0	1	74	1	0	4. 67	1	2	2
1	1	0	0	0	1	1	71	2	0	4. 22	1	2	2
1	1	1	0	1	1	1	48	4	0	3. 95	0	2	3
0	0	0	0	0	0	1	60	4	1	3. 63	0	2	3
1	1	1	0	0	1	1	77	2	0	4. 43	1	2	2
1	1	0	0	1	1	1	58	3	1	4. 26	0	2	3
0	0	1	1	0	0	1	46	2	0	4. 56	0	2	1
0	0	0	0	1	1	1	43	3	0	4. 23	1	1	1
1	0	0	0	1	1	1	57	2	1	4. 26	0	2	1
1	1	0	0	0	1	1	64	3	0	4. 35	0	2	1
0	0	1	0	1	0	1	63	3	1	4. 21	0	2	3
1	1	1	0	1	1	1	59	4	1	4. 03	1	2	2
1	1	1	0	1	1	1	48	2	1	4. 65	0	2	1
0	0	1	0	0	0	1	53	2	1	4. 07	1	2	2
1	1	1	0	1	1	1	43	2	1	4. 60	0	2	3
1	1	1	0	1	0	1	50	2	0	4. 54	0	2	3
0	1	1	0	0	0	1	61	1	1	4. 33	0	2	3
1	0	1	0	1	1	1	48	3	1	4. 04	1	2	2
1	1	1	0	0	1	1	53	6	1	4. 00	0	2	3
1	1	1	0	0	1	1	55	5	1	3. 77	0	2	3
1	1	1	0	0	1	1	66	2	1	4. 06	0	2	3
0	1	1	0	0	0	1	64	4	0	3. 92	0	2	1
1	1	1	0	0	1	1	58	1	0	4. 56	0	2	3
0	1	1	0	0	1	1	66	2	0	3. 70	1	2	2
1	1	1	0	1	1	1	48	3	1	4. 33	1	2	2
1	1	1	0	1	1	1	41	4	1	4. 02	0	2	3
0	0	1	1	1	0	1	45	4	1	3. 93	0	3	2
1	1	1	0	1	1	1	44	4	0	3. 78	0	2	3
1	1	1	0	0	1	1	54	0	0	4. 17	1	3	3

续表

收入信心	契约农业	疫情防控措施	面临生产困难	信息渠道	生产恢复	建档立卡	年龄	家庭人口	农用机械	人均收入	按期返岗	耕地计划	养殖计划
1	0	1	0	1	1	1	37	5	0	4.12	0	2	1
1	1	1	0	1	1	1	47	1	0	4.22	0	2	1
1	1	1	0	1	1	1	49	2	1	4.19	0	2	3
1	1	0	0	1	1	1	60	1	1	4.63	0	2	1
1	1	0	0	1	1	1	37	2	1	4.17	0	2	1
1	1	1	0	1	1	1	50	2	0	4.32	1	2	2
1	1	1	0	1	1	1	67	2	0	3.85	1	2	2
0	1	1	0	1	0	1	53	3	0	4.15	1	2	2
1	1	1	0	1	1	1	83	5	0	3.82	0	2	3
0	0	1	1	1	0	1	51	4	1	4.00	0	2	3
0	1	1	0	1	0	1	45	3	0	4.54	0	2	3
0	0	1	0	0	0	1	51	3	1	4.31	1	2	2
1	1	1	0	1	1	1	62	0	1	4.21	0	2	3
1	1	0	0	1	1	1	55	3	0	4.11	1	2	2
1	1	1	0	1	1	1	47	4	0	4.14	0	2	3

限于篇幅，附录只列出部分数据。如有需要，可联系作者索取。

《产业经济评论》投稿体例

《产业经济评论》是由山东大学经济学院、山东大学产业经济研究所主办，由经济科学出版社出版的开放性产业经济专业学术文集。它以推进中国产业经济科学领域的学术研究、进一步推动中国产业经济理论的发展，加强产业经济领域中海内外学者之间的学术交流与合作为宗旨。《产业经济评论》为中文社会科学引文索引（CSSCI）来源集刊。

《产业经济评论》是一个中国经济理论与实践研究者的理论、思想交流平台，倡导规范、严谨的研究方法，鼓励理论和经验研究相结合的研究路线。《产业经济评论》欢迎原创性的理论、经验和评论性研究论文，特别欢迎有关中国产业经济问题的基础理论研究和比较研究论文。

《产业经济评论》设“综述”“论文”“书评”三个栏目。其中：“综述”发表关于产业经济领域最新学术动态的综述性文章，目的是帮助国内学者及时掌握国际前沿研究动态；“论文”发表原创性的产业经济理论、经验实证研究文章；“书评”发表有关产业经济理论新书、新作的介绍和评论。

《产业经济评论》真诚欢迎大家投稿，以下是有关投稿体例说明。

1. 稿件发送电子邮件至：rie@ sdu. edu. cn。

2. 文章首页应包括：

（1）中文文章标题；（2）200 字左右的中文摘要；（3）3 ~ 5 个关键词；（4）作者姓名、署名单位、详细通信地址、邮编、联系电话和 Email 地址。

3. 文章的正文标题、表格、图形、公式须分别连续编号，脚注每页单独编号。大标题居中，编号用一、二、三；小标题左齐，编号用（一）、（二）、（三）；其他用阿拉伯数字。

4. 正文中文献引用格式：

单人作者：

“Stigler（1951）……”“……（Stigler，1951）”“杨小凯（2003）……”“……（杨小凯，2003）”。

双人作者：

“Baumol and Willig（1981）……”“……（Baumol and Willig，1981）”“武力、温锐（2006）……”“……（武力、温锐，2006）”。

三人以上作者：

“Baumol et al.（1977）……”“……（Baumol et al.，1977）”。

“于立等（2002）……”“……(于立等，2002)”。

文献引用不需要另加脚注，所引文献列在文末参考文献中即可。请确认包括脚注在内的每一个引用均有对应的参考文献。

5. 文章末页应包括：参考文献目录，按作者姓名的汉语拼音或英文字母顺序排列，中文在前，Word 自动编号；英文文章标题；与中文摘要和关键词对应的英文摘要和英文关键词；2～4 个 JEL（*Journal of Economic Literature*）分类号。

参考文献均为实引，格式如下，请注意英文书名和期刊名为斜体，中文文献中使用全角标点符号，英文文献中使用半角标点符号：

[1] 武力、温锐：《1949 年以来中国工业化的“轻重”之辨》，载《经济研究》2006 年第 9 期。

[2] 杨小凯：《经济学——新兴古典与新古典框架》，社会科学文献出版社 2003 年版。

[3] 于立、于左、陈艳利：《企业集团的性质、边界与规制难题》，载《产业经济评论》2002 年第 2 期。

[4] Baumol, W. J. and Willig, R. D., 1981: Fixed Costs, Sunk Costs, Entry Barriers, and Sustainability of Monopoly, *The Quarterly Journal of Economics*, Vol. 96, No. 3.

[5] Baumol, W. J., Bailey, E. E., and Willig, R. D., 1977: Weak Invisible Hand Theorems on the Sustainability of Multiproduct Natural Monopoly, *The American Economic Review*, Vol. 67, No. 3.

[6] Stigler, G. J., 1951: The Division of Labor is Limited by the Extent of the Market, *Journal of Political Economy*, Vol. 59, No. 3.

[7] Williamson, O. E., 1975: *Markets and Hierarchies*, New York: Free Press.

6. 稿件不做严格的字数限制，《综述》《论文》栏目的文章宜在 8000 字以上，欢迎长稿。

7. 投稿以中文为主，海外学者可用英文投稿，但须是未发表的稿件。稿件如果录用，由本刊负责翻译成中文，由作者审查定稿。文章在本刊发表后，作者可以继续在中国以外以英文发表。

8. 在收到您的稿件时，即认定您的稿件已专投《产业经济评论》并授权刊出。《产业经济评论》已被《中国学术期刊网络出版总库》及 CNKI 系列数据库收录，如果作者不同意文章被收录，请在投稿时说明。

《产业经济评论》的成长与提高离不开各位同仁的鼎力支持，我们诚挚地邀请海内外经济学界的同仁踊跃投稿，并感谢您惠赐佳作。我们的愿望是：经过各位同仁的共同努力，中国产业经济研究能够结出更丰硕的果实！

让我们共同迎接产业经济理论繁荣发展的世纪！